Dites-moi un peu…

BP 47 - 38040 Grenoble cedex 9
Tél. : 04 76 82 56 51 - Fax : 04 76 82 78 35
e-mail : pug@pug.fr/www.pug.fr

ISBN 2 7061 1157 - 7

Maquette et mise en page **isa** 04 74 20 48 65

Karine ULM et Anne-Marie HINGUE

Dites-moi un peu...

Presses Universitaires de Grenoble

Avant-propos

Conscientes du manque d'outils spécifiquement prévus pour l'expression orale et des difficultés rencontrées par les enseignants, nous avons conçu cet ouvrage pour permettre la mise en pratique des techniques destinées à faciliter l'oral.

Notre souhait est de fournir un outil complet, simple d'utilisation, favorisant l'interaction et permettant aux apprenants de développer une aisance de l'expression orale nécessaire dans différentes situations de communication.

Pour chacun des 20 thèmes abordés, plusieurs supports sont proposés : textes, documents iconiques, bandes dessinées, questions, citations et proverbes, activités variées. Chaque document peut être exploité indépendamment des autres en fonction du groupe. La plupart des documents peuvent être utilisés aussi bien au niveau intermédiaire qu'au niveau avancé. Toutefois, nous avons tenu à signaler le niveau de difficulté par «  » (intermédiaire) ou « 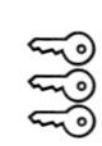 » (avancé) pour certains documents.

Dans les fiches de vocabulaire, nous avons choisi, par volonté de simplification, de ne proposer que la forme au masculin singulier. Les mots ou expressions appartenant au registre familier (voire argotique) sont signalés par *.

Ce livre étant spécialement conçu pour la classe de production orale qui, par définition, repose sur des interactions, nous n'avons pas jugé utile d'y adjoindre une cassette ou un CD audio pour la compréhension orale.

L'enseignant trouvera dans le guide pédagogique une proposition d'exploitation des différents documents contenus dans le livre de l'apprenant ainsi que le déroulement détaillé de chaque séquence d'enseignement, des variantes de l'activité proposée, des questions, des textes et des activités complémentaires.

Les auteurs

L'amour

Lettre ouverte à mon homme

Dans dix-huit jours je serai mariée, tu seras mon époux. Pourtant, je ne t'aime pas. J'ai vingt-neuf ans, un physique agréable, un travail, je ne suis pas enceinte, alors pourquoi ? Parce que je ne supporte plus la solitude, que les enfants se font mieux avant trente-cinq ans, que dans mon milieu être une « vieille fille », même en 1984, est extrêmement regrettable, pour ne pas dire déshonorant, que je n'ai jamais rencontré ce qu'on appelle l'amour fou mais une suite de petites liaisons sans grand attrait, que tu es si gentil, si apprécié par ma mère et ma grand-mère (un garçon bien élevé et avec un métier d'avenir) et puis j'ai découvert avec stupeur et rage au cœur que mon cas n'était pas si rare que ça.

Tu vois, toi que j'épouse sans haine ni passion mais avec une totale indifférence, pour moi, le progrès avec l'époque précédente c'est que l'on peut choisir délibérément de rater sa vie.

Christine

Courrier du cœur, *Elle*, août 1984.

➔ **Quelles sont vos réactions après lecture de cette lettre ?**

doc. 1

Chimulus

➔ **Que représente ce document ?**
Quelles idées vous inspire-t-il ?

Amour

doc. 2

Amour

Vous avez la parole…

- Où peut-on rencontrer son futur mari ou sa future femme ?
- Croyez-vous au coup de foudre ?
- Quelle différence faites-vous entre l'amour et la passion ?
- Qu'est-ce qu'une preuve d'amour ?
- Pour quelles raisons se marie-t-on ?
- Peut-on épouser son « grand amour » ?
- Quels peuvent être les obstacles à un mariage ?
- L'amour peut-il durer toujours ?
- Que seriez-vous capable de faire par amour ?
- Est-il vrai que, dans un couple, il y en a toujours un qui aime plus que l'autre ?

doc. 3

Citations et proverbes

« L'amour est aveugle. »
PLATON

« L'amour voit les roses sans épines. »
PROVERBE ALLEMAND

« Deux choses ne peuvent se cacher : l'ivresse et l'amour. »
ANTIPHANE

« L'amour est l'histoire de la vie des femmes, c'est un épisode dans celle des hommes. »
MADAME DE STAËL

« L'amour donne de l'esprit aux femmes et le retire aux hommes. »
PROVERBE ITALIEN

« L'amour pénètre dans l'homme par les yeux et dans la femme par les oreilles. »
PROVERBE POLONAIS

« En amour […] comme en religion, il n'y a qu'une sagesse, croire, et cette sagesse est une folie. »
P. BOURGET

« L'amour qui naît subitement est le plus long à guérir. »
LA BRUYÈRE

« L'amitié finit parfois en amour, mais rarement l'amour en amitié. »
C. C. COLTON

« Tous les moyens sont bons dans la guerre et dans l'amour. »
J. FLETCHER ET F. BEAUMONT

➔ **Quelle est la citation que vous préférez ?**

La décision

Une jeune fille, Isabelle, est amoureuse d'un jeune homme, François. Ils sont tous les deux très riches et vivent chacun d'un côté du fleuve Amour. La jeune fille habite sur la rive droite et le jeune homme sur la rive gauche.

Près de chez François, habite Christian, un jeune homme qui était amoureux d'Isabelle. La jeune fille avait refusé ses avances en lui disant qu'elle aimait François.

Pour se marier, Isabelle doit traverser le fleuve. Le passeur lui demande toute sa fortune en échange de la traversée. Ne sachant que faire, Isabelle va voir un sage pour lui demander conseil. Celui-ci lui répond : « La solution se trouve dans ton cœur, réfléchis et tu la trouveras ! ». La jeune fille décide alors de retourner voir le passeur et lui donne toute sa fortune.

Une fois arrivée de l'autre côté de la rive, elle va voir François et lui raconte sa mésaventure. Celui-ci s'exclame alors : « Donc, tu es pauvre ! Je ne veux plus me marier avec toi ! »

Déçue, elle va trouver Christian et lui dit : « Je me suis trompée, j'ai eu tort, j'étais aveugle, c'est toi que j'aime, j'ai découvert le véritable amour ! ». Christian lui répond alors : « Tu as traversé le fleuve pour rejoindre François et devant son refus tu es venue me trouver. Je ne veux plus t'épouser ! »

➔ **Dans cette triste histoire, lequel des personnages (le passeur, Isabelle, François, le sage ou Christian) a :**
- la meilleure attitude ?
- la pire attitude ?

doc. 5

Pour vous aider

Adorer quelqu'un
Aimer quelqu'un
Avoir confiance en quelqu'un
Avoir des sentiments pour quelqu'un
Avoir du charme
Avoir une aventure avec quelqu'un
Avoir une liaison avec quelqu'un
Demander quelqu'un en mariage
Détester quelqu'un
Divorcer / Demander le divorce
Donner un baiser à quelqu'un
Draguer quelqu'un / La drague**
Embrasser quelqu'un
Éprouver de l'attirance pour quelqu'un
Éprouver de la tendresse pour quelqu'un
Être amoureux de quelqu'un
Être attiré par quelqu'un
Être confiant ≠ méfiant
Être fidèle ≠ infidèle à quelqu'un
Être fou de quelqu'un
Être marié à quelqu'un
*Être mordu**
Faire confiance à quelqu'un
Faire la bise à quelqu'un
Faire un bisou à quelqu'un
Faire une scène à quelqu'un
Fasciner quelqu'un
Galant
Haïr quelqu'un
Jaloux / Jalouse
L'amour charnel
L'amour platonique
L'époux / L'épouse
L'union libre
La fidélité ≠ L'infidélité
La galanterie
La haine
La jalousie
La lune de miel
La passion
*Laisser tomber quelqu'un **
Le concubinage
Le couple
Le détachement
Le fiancé / La fiancée
Le mari / La femme
Le mariage (civil, religieux)
Le Pacs (pacte civil de solidarité)
Le romantisme
Le voyage de noces
Pacser
Plaire à quelqu'un
*Plaquer quelqu'un**
Quitter quelqu'un
Rencontrer quelqu'un / Une rencontre
Romantique
Rompre / Une rupture

Amour

doc. 6

Se fâcher
*Se faire jeter**
*Se faire larguer**
Se fiancer / Les fiançailles
Se marier avec quelqu'un
Se méfier de quelqu'un
Se séparer de quelqu'un
Séduire quelqu'un / La séduction
Séduisant
Soupçonner quelqu'un
Tomber amoureux de quelqu'un
Tromper quelqu'un
Un (petit) copain / Une (petite) copine
Un amant / Une maîtresse
*Un dragueur**
Un ménage
Un petit ami / Une petite amie
Un séducteur
Un célibataire
Un concubin
*Une allumeuse**
Une compagne / Un compagnon
Une déclaration d'amour
Une liaison / une relation
Une relation adultère
Une scène de ménage
Une vieille fille / Un vieux garçon
Vivre avec quelqu'un

Quelques expressions…

Avoir un cœur d'artichaut
Avoir un coup de foudre pour quelqu'un
*Craquer pour quelqu'un**
Demander la main de quelqu'un
Faire le premier pas
Filer le parfait amour
Rompre la glace
*Se prendre une veste**

➔ **Choisissez trois mots dans la liste, dites ce qu'ils vous évoquent et justifiez votre choix.**

doc. 6 suite

Les superstitions

Paranormal 15 000 personnes sont attendues, ce week-end, au Salon parapsy

Voyance, un avenir sans surprises

On se croirait un peu à la sécu. Mobilier administratif, peintures fanées, salle d'attente, bureaux étriqués, standard téléphonique taille XXL… Un décor passé où l'on prédit l'avenir. Tout au long de la semaine, une quinzaine de voyants se relaient au siège de la société France voyance pour effectuer leurs prédictions. Il existe une petite dizaine de cabinets de ce genre à Paris. « *Le temps est terminé où on allait consulter en cachette, affirme Josiane Saadoun, dirigeante de la société. La plupart des voyants continuent à recevoir chez eux, mais il n'y a plus de gêne à venir dans un endroit comme celui-ci.* »
Entre 12 000 et 20 000 visiteurs devraient également se rendre, à partir de demain, à la 17e édition du Salon parapsy, porte d'Auteuil, où sévissent pendant une semaine près de 80 spécialistes de la prédiction. « *Le phénomène s'est vraiment développé depuis une dizaine d'années, note Josiane Saadoun. Notamment par le biais des voyances au téléphone.* »
L'immense majorité des demandes concernent l'amour. « *A 25 ans on cherche l'âme sœur, à 30 ans, on espère des enfants, on veut savoir si son mari est fidèle. A 40, on se demande s'il n'est pas temps de divorcer et à 50, quand c'est fait, que les enfants sont grands, on veut savoir si l'on va refaire sa vie.* »
Car la grande majorité des consultants sont des consultantes. « *Mais les hommes, surtout les chefs d'entreprise, sont de plus en plus nombreux, souligne la responsable de France voyance. Ils veulent savoir si le moment est opportun pour lancer un produit, etc.* » Sérieux ? Les voyants du cabinet ont une règle : ne jamais être pessimistes. Un impératif : ne jamais annoncer la mort.

Chiffres

45 euros C'est le prix moyen d'une consultation. La durée est variable selon le médium, le problème, la personnalité du client.

100 000 C'est le nombre de voyants en France, selon l'Institut national des arts divinatoires.

70 % Telle serait de même source la part de charlatans.

3,5 milliards d'euros. C'est le chiffre d'affaire annuel de ce secteur d'activité.

12 millions de consultations chaque année en France.

Grégory Magne, 20 minutes, 14 février 2003.

➔ **De quelle manifestation parle-t-on ?**
Quelles sont les informations contenues dans ce texte ?

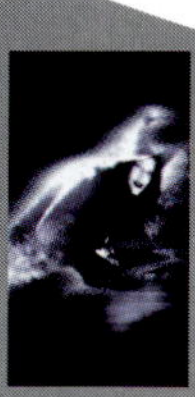

doc. 1

La gastronomie

Quino

➔ **Que représente ce document ?**
Quelles idées vous inspire-t-il ?

À quelle superstition renvoie chacune de ces illustrations ?

Document 4

Présentez chacune des superstitions du texte.
Existent-elles dans votre pays ?

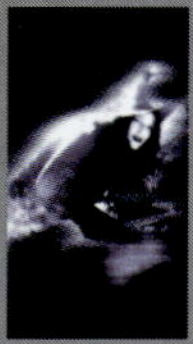

doc. 3

Ils ne veulent que votre bonheur

Le pompon

Il doit être rouge et orner le béret d'un marin. Le toucher apporte la bonne fortune pendant une journée entière. Pour les puristes, effleurer le pompon ne suffit pas : il faut également embrasser son propriétaire. Les Anglais, eux ne croient pas aux vertus du pompon mais au pouvoir du col marin.

Les pièces

Elles portent chance (notamment au jeu) lorsqu'on les trouve. Parmi les plus prometteuses, les pièces qui portent son année de naissance ou mieux, celles qui sont trouées ou tordues. Rien n'interdit de percer ou de déformer soi-même ses pièces, mais l'efficacité sera moins grande.

Le trèfle

Dans tout l'occident, et depuis fort longtemps (200 ans avant Jésus-Christ), le trèfle à quatre feuilles est le représentant emblématique des porte-bonheur. Il promet l'amour, la chance, le bonheur, la richesse… Et, trempé dans l'eau bénite, il vous rend même irrésistible. Que demander de plus ?

Le fer à cheval

Les Grecs et les Romains croyaient déjà à ses pouvoirs. Il donne le meilleur de lui-même quand on le trouve par hasard. L'idéal consiste à le suspendre au mur ou à l'accrocher à une porte (de préférence à l'intérieur) en dirigeant ses branches vers le haut. Pour le fixer, trois ou quatre clous suffisent.

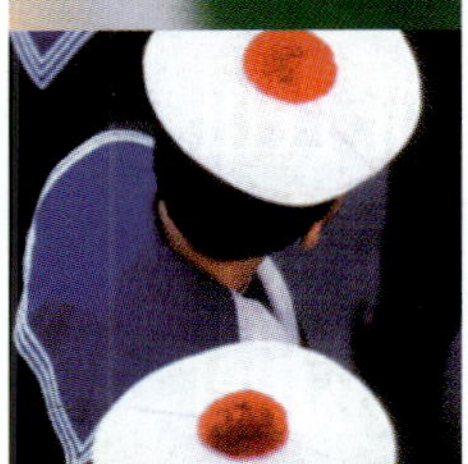

Le peigne

Il peut, dans certaines circonstances, favoriser la bonne fortune. Notamment si vous en trouvez un par hasard. Une personne chanceuse vous prête le sien, tant mieux, vous héritez de sa chance. En Orient, il est considéré comme une amulette, mais s'il est en ivoire, en corne ou en écaille.

La coccinelle

Partout dans le monde, la bête à bon Dieu a une aura bénéfique. Elle n'a qu'un seul objectif quand elle se pose sur votre main : vous annoncer d'heureux événements dont elle indique même la durée, puisque les points noirs ornant ses ailes correspondent au nombre de mois de bonheur.

Le verre

Il suffit de briser du verre blanc, du cristal ou tout simplement le verre dans lequel on boit pour attirer sur soi la chance. Et, quitte à le casser, autant le faire bien. Plus il y a de morceaux et plus grande elle sera. A l'Île Maurice, casser des verres multiplie les opportunités de se trouver un mari.

Les pois

Ils font merveille en cuisine, mais dans la vie aussi. Il suffit d'en trouver un seul ou bien neuf dans la même cosse, pour que l'avenir s'annonce radieux. Les Italiens s'en servent comme amulettes : ils découpent trois petits pois en trois petits morceaux qu'ils disposent dans trois poches différentes.

Femme actuelle, oct.2002

Superstitions

doc. 4

Quino

→ **Que représente ce document ? Quelles idées vous inspire-t-il ?**

doc. 5

Les croyances et superstitions

➔ **Vous avez la parole...**

1. Êtes-vous superstitieux ? Avez-vous des porte-bonheur, des numéros fétiches, des gris-gris ?

2. Êtes-vous déjà allé voir une voyante ? Que pensez-vous de ce qu'elle vous a dit ?

3. Croyez-vous à l'astrologie ? L'astrologie est-elle une science ?

4. Peut-on lire l'avenir dans les lignes de la main ?

5. Croyez-vous à la télépathie ? Aux rêves prémonitoires ?

6. Croyez-vous à la sorcellerie (magie blanche, magie noire) ?

7. Croyez-vous aux sorts maléfiques à travers des poupées (vaudou) ?

8. Croyez-vous aux fantômes ? Aux vampires ? Aux monstres humains ? Comment expliquer ces phénomènes ?

9. Avez-vous déjà assisté à une séance de spiritisme ou aimeriez-vous le faire ? Pourquoi ?

10. Quelle est la signification du surnaturel pour vous ?

Citations

« Je ne suis pas superstitieux, parce que la superstition ça porte malheur. »
ANDRÉ JEANSON

Éviter d'être treize à table, ça porte malheur.
« Les esprits forts ne devront jamais manquer de plaisanter :
« Qu'est-ce que ça fait ? Je mangerai pour deux. »
Ou bien, s'il y a des dames, de demander si l'une d'elles n'est pas enceinte. »
GUSTAVE FLAUBERT

« La croyance en la fortune est une marque d'orgueil et, de ce fait, est antiscientifique. Les dieux ont les yeux fixés sur moi. Ils me veulent du bien… ou bien ils me veulent du mal ; en tout cas, je ne passe pas inaperçu. »
ALFRED SAUVY

« La superstition est la poésie de la vie ; c'est pourquoi il n'est pas mal que le poète soit superstitieux. »
GOETHE

« Un homme n'est pas tout à fait misérable s'il est superstitieux. Une superstition vaut une espérance. »
HONORÉ DE BALZAC

« Radiesthésiste : personne qui utilise une baguette divinatoire pour prospecter le métal précieux dans la poche d'un imbécile. »
AMBROSE BIERCE

« La superstition est le réservoir de toutes les vérités. »
CHARLES BAUDELAIRE

« Superstition : tout système où les individus imaginent qu'ils en savent plus qu'ils n'en connaissent en réalité. »
FRIEDRICH AUGUST VON HAYEK

« Avouons-le de bonne foi : nous avons tous une petite dose de superstition dont nous ne pouvons nous défaire. »
ALEXANDRE POTHEY

« Secte, religion, foi, superstition, juste un problème de définition. »
ANTONIO NAVALHAS

➔ **Quelle est la citation que vous préférez ?**

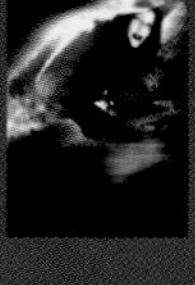

doc. 7

Pour vous aider

Admettre
Apparaître / Une apparition
Charmer / Un charme
Conjurer / Une conjuration
Crédible
Crédule ≠ Incrédule
Croire à / en
Croyant
Démoniaque
Diabolique
Douter / Le doute
Ensorceler
Envoûter / Un envoûtement
Exaucer
Extraordinaire
Fantasmagorique
Imaginer / L'imagination
Impossible
Incroyable
Inimaginable
Invoquer / Une invocation
Jeter un sort
Juger
L'alchimie
L'astrologie
La chiromancie
La crédulité
La divination
La magie
La naïveté
La nécromancie
La numérologie
La réincarnation
La sorcellerie
La télékinésie
La télépathie
La thaumaturgie
Le bonheur ≠ Le malheur
Le diable
Le magnétisme
Le mauvais œil
Le scepticisme
Le spiritisme
Les lignes de la main
Magique
Métamorphoser en
Miraculeux
Mystique
Naïf
Porter malheur / Porter bonheur
Prédire / Une prédiction
Prendre au sérieux
Présager / Un présage
Présumer
Prévoir / Une prévision
Sceptique
Se convertir à
Tirer les cartes
Tromper / Une tromperie
Un astrologue
Un charlatan
Un démon
Un devin
Un elfe
Un enchantement
Un enchanteur
Un ensorceleur
Un escroc
Un esprit
Un fantôme
Un farfadet

Un génie
Un gris-gris
Un loup-garou
Un lutin
Un mage
Un magicien / Une magicienne
Un maléfice
Un miracle
Un philtre
Un présage
Un rêve prémonitoire
Un signe
Un sorcier / Une sorcière
Un sortilège
Un souhait
Un talisman
Un thaumaturge
Un vampire
Un vœu
Une voyante
Une amulette
Une baguette magique
Une croyance
Une escroquerie
Une fée
Une formule magique
Une illusion
Une incantation
Une métamorphose
Une prémonition
Une science occulte

Quelques expressions…

Avoir de la veine
Avoir des doigts de fée
*Avoir du bol**
*Avoir du pot**
Croire en sa bonne étoile
*Porter la poisse**

➔ **Choisissez trois mots dans la liste, dites ce qu'ils vous évoquent et justifiez votre choix.**

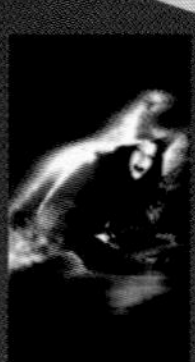

État d'âme en cuisine

Les experts du comportement s'interrogent sur une perte de savoir-faire culinaire chez les femmes de 20-35 ans, en particulier lorsqu'elles sont actives et qu'elles résident dans les grandes villes. Dans le couple, l'homme n'assure encore la préparation des repas que de façon marginale, sauf peut-être le week-end, pour épater la galerie...

« *Faire la cuisine, c'est une angoisse. J'adore recevoir et j'aime bien manger, mais devant les fourneaux, je suis désemparée. Alors, je dépense des fortunes en plats cuisinés ou livrés à domicile. Désolée, mais je n'aime pas faire le marché, et passer trois heures en cuisine est une perspective que je refuse avec énergie* » confirme Mathilde, 32 ans.

Pareil constat surprend un peu, surtout lorsque l'on constate également la vitalité du rituel dîner du samedi soir ou du sacro-saint repas dominical, ainsi que la multiplication des cours de cuisine, des magazines spécialisés, des produits du terroir et des produits bio. Pourtant ceux et celles qui versent les nouilles dans l'eau froide avant de la faire chauffer sont peut-être plus nombreux que l'on ne pense. Celles que la cuisine ennuie semblent assez nombreuses... À l'origine, il y a une non-transmission d'une génération à l'autre : certaines jeunes femmes culpabilisent et d'autres admettent, parfois de façon provocatrice, que leur mère ne leur a rien appris. En prenant de l'âge, elles se sont forgées un savoir hétérogène mais réel, souvent influencé par les cuisines exotiques.

En France, semble-t-il, le rapport à la « bouffe » est devenu complexe, contradictoire, même. Hormis chez les seniors, il existe un divorce croissant entre le « faire à manger » et le « faire la cuisine ». Il semble également y avoir une contradiction entre le temps choisi du week-end (confectionner tranquillement un bon petit plat) et le temps subi du reste de la semaine (faire les courses, se casser la tête après le travail pour préparer quelque chose qui convienne à chacun). La généralisation de l'emploi féminin, l'évolution des modes de vie urbains et la non redistribution des tâches domestiques entre les sexes ont accru les contraintes pesant sur les femmes. Pour les repas en semaine, dont la durée de préparation est passée de 42 à 36 minutes entre 1988 et 2000, les plats surgelés ou les préparations rapides ont la vedette.

En France, une longue étude indique qu'un tiers des adultes, surtout les femmes et les jeunes, estiment que faire la cuisine est une corvée ou une obligation. Ces états d'âme en cuisine inquiètent un peu les industriels de l'agroalimentaire. Après les produits dont la préparation réclamait l'exécution d'un geste symbolique (ajouter un ingrédient, donner trois coups de cuillère), ils privilégient désormais le super pratique (avec des couverts en plastique intégrés dans l'emballage). La responsabilité des repas incombe toujours à la femme, mais le temps passé ou le mal que l'on s'est donné n'est plus valorisant, en tout cas les soirs de la semaine. Il faut continuer de déculpabiliser les mamans qui ne se sentent plus jugées sur leurs qualités de cuisinière mais sur leur capacité à réussir la convivialité du moment repas.

Et ça se réchauffe au four à micro-ondes, la convivialité du moment repas ?

Le Monde, 29 janvier 2003.

➔ **Quel est le sujet de cet article ?**
Observe-t-on le même phénomène dans votre pays ?

doc. 1

Les Français tels qu'ils sont par Eugène Collilieux

Le français dans le monde, n°303.

Que représente ce document ?
Quelles idées vous inspire-t-il ?

Gastronomie

doc. 2

La nourriture et les habitudes alimentaires

➔ Vous avez la parole…

1. Quel est votre plat préféré ?

2. Présentez les repas de votre pays : composition des menus, façon de se tenir à table, horaires, différences avec la France…

3. Que peut-on apprendre d'un pays à travers sa cuisine ?

4. Où achetez-vous vos aliments (supermarché, marché…) ? Quels sont vos critères de choix ?

5. La préparation des repas tient-elle une grande place dans votre emploi du temps ?

6. Les aliments génétiquement modifiés, les colorants dans les produits alimentaires, les pesticides sur les fruits et les légumes, etc. : en avez-vous peur ? Peut-on agir ?

7. Les aliments et le goût vont-ils se standardiser ? Mangera-t-on la même chose à Madrid qu'à Tokyo ? Pourquoi ?

8. La santé : si demain on découvrait que, pour vivre très vieux, il fallait uniquement manger des vers de terre, le feriez-vous ? Le plaisir de la nourriture est-il contraire à la diététique ?

9. Les prix très élevés des grands restaurants sont-ils justifiés ?

10. Quels produits (animal, végétal…) que l'on mange dans d'autres pays, ne voudriez-vous jamais goûter ?

VOIX EXPRESS

Pour vous, qu'est-ce qu'un bon repas ?

Franck Lievel
38 ANS
INGÉNIEUR
VIRIVILLE (38)

« C'est d'abord un repas équilibré avec des produits sains, dont on connaît la provenance, qui ne soient pas génétiquement modifiés, et garantis sans pesticides. Il n'y a, non plus, rien de tel qu'une réunion avec des copains, autour de plats préparés avec soin, comme un bon bœuf bourguignon. Mais les bons repas sont aussi ceux que je peux faire le dimanche après avoir fait mon marché. »

Walter Renoux
47 ANS
MÉCANICIEN
PARIS XXe

« La nourriture doit évidemment être bien préparée. L'endroit où l'on mange importe peu, pourvu qu'on soit en bonne compagnie. Je peux aussi bien apprécier une simple assiette de pâtes qu'un plat exotique.
Mon meilleur souvenir reste un repas extrêmement simple fait de riz et de galette, en Inde, avec un conducteur de pousse-pousse dans un garage. »

David Molliens
21 ANS
ÉTUDIANT
RENNES (35)

« C'est surtout quelque chose de consistant qui cale bien. Cela peut être un simple sandwich. S'il faut un minimum de recherche culinaire, je ne vois pas d'intérêt à un repas gastronomique dans un cadre trop bourgeois. Pour moi, le mieux, c'est un croque-monsieur et une bière dans un bar au milieu d'amis ou même de gens que l'on a croisés dans la rue. »

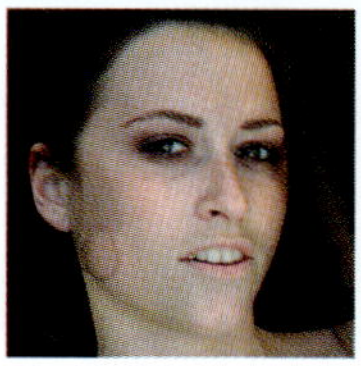

Lina Morin
30 ANS
HÔTESSE D'ACCUEIL
SAINT NAZAIRE (44)

« C'est déjà un repas qui fait grossir. Des plat lourds, arrosés de vin blanc ou de rosé et un dessert sucré, comme les gâteaux dont je raffole. Quand je cuisine, j'aime bien proposer des plat exotiques à des amis, chez moi dans un cadre convivial. Mais il est également agréable de ne pas être trop prise aux fourneaux. L'idéal reste d'être invité, de ne rien faire et que cela soit bon. »

Sylvie Palluet
40 ANS
BOULANGÈRE
BORDEAUX (33)

« Un bon repas, on le partage avec des convives. Le reste, c'est plus matérialiste. L'essentiel, c'est de prendre du plaisir, entre amis ou chez soi, en famille, autour d'une discussion agréable. Cela peut être aussi le moyen de couper avec le monde du travail. Il peut être constitué de plats très simples, ou, au contraire, très raffinés. Je n'ai pas de préférence, c'est fonction des circonstances. »

Le Parisien, 21 décembre 1999.

→ **Lequel de ces témoignages est le plus proche de la réponse que vous auriez donnée ?**

Citations

« Il faut manger pour vivre et non vivre pour manger. »
MOLIÈRE

« L'homme est la proie de trois maladies chroniques et inguérissables : le besoin de nourriture, le besoin de sommeil et le besoin d'égards. »
MONTHERLANT

« Manger est bon, avoir mangé est meilleur. »
A. FRANCE

« Quand il y a à manger pour huit, il y en a bien pour dix. »
MOLIÈRE

« Dis-moi ce que tu manges, je te dirai qui tu es. »
A. BRILLAT-SAVARIN

« Il vaut mieux être invité avec affection à manger des herbes, qu'à manger le veau gras lorsqu'on est haï. »
LA BIBLE

« Manger de la viande, c'est commettre un homicide involontaire. »
B. FRANKLIN

« La découverte d'un mets nouveau fait plus pour le genre humain que la découverte d'une étoile. »
B. FRANKLIN

« La gourmandise commence quand on n'a plus faim. »
A. DAUDET

« Mon mari m'a dit qu'il voulait passer ses vacances dans un endroit où il n'était jamais allé. J'ai répondu : "Et pourquoi pas la cuisine ?" »
NAN TUCKET

➔ **Quelle est la citation que vous préférez ?**

doc. 5

Pour vous aider

Absorber
Appétissant
Appétit
Avaler
Avoir faim
*Becqueter**
Boire
*Bouffer**
*Bourratif**
Buvable ≠ Imbuvable
Consommer
Copieux
Croquer
Cru ≠ Cuit
Cuire
Dégoûtant
Déguster
Délicieux
Dévorer
Digérer / La digestion
Engloutir
Être affamé
*Être rond**
*Être soûl**
Exquis
Faire bombance
Frugal
Gourmand
Gourmet
Goûter
Gras
Grignoter
Ingurgiter
Ivre
L'alcool
L'alimentation
L'anorexie
*La bouffe**
La boulimie
La carte
La chair
La consommation
La cuisson
La diète
La famine
La gastronomie
La graisse
La maîtresse de maison
La nourriture
La nutrition
La saveur
La viande
Le café
Le déjeuner
Le dîner
Le fromage
Le goût
Le goûter
Le jeûne / Jeûner
Le menu
Le petit-déjeuner
Le plat du jour
Le thé
Léger ≠ Lourd
Les denrées
Les vivres
Mâcher
Maigre
Mangeable ≠ Immangeable
Manger
Mastiquer
Nourrir
Nutritif
*Picoler**
Savourer
Se rassasier
Se régaler
Tartiner
Un « cordon bleu »
Un aliment
Un apéritif
Un banquet
Un buffet
Un chef cuisinier
Un coquillage
Un crustacé
Un cuisinier
Un dessert
Un digestif
Un festin
Un fruit
Un fruit de mer
Un gastronome
Un ingrédient
Un légume
Un lunch
Un pique-nique
Un plat
Un potage
Un produit surgelé
Un réfectoire
Un régime
Un repas
Un restaurant
Un serveur
Une boisson
Une brasserie
Une cantine
Une collation
Une conserve
Une crudité
Une entrée
Une formule
Une friandise
Une indigestion
Une recette
Une soupe
Végétarien
Vorace

Les ustensiles

Des couverts
La salière
La vaisselle
Le poivrier
Un batteur
Un bol
Un couteau
Un couvercle
Un dessous-de-plat
Un fouet
Un four
Un frigidaire
Un grille-pain
Un mixeur
Un moule à gâteau
Un moulin à café
Un ouvre-boîte
Un plat
Un plateau
Un plateau à fromages
Un rouleau à pâtisserie
Un saladier
Un tire-bouchon
Une assiette à dessert
Une assiette (plate ou creuse)
Une bouilloire
Une cafetière
Une casserole
Une cocotte-minute
Une corbeille à pain
Une cuillère
Une fourchette
Une louche
Une nappe
Une passoire
Une planche à découper
Une poêle
Une serviette
Une soucoupe
Une soupière
Une tasse
Une théière

Les goûts

Acide
Âcre
Aigre
Amer
Épicé
Fade
Fort
Insipide
Pimenté
Piquant
Salé
Sucré

Quelques expressions…

Avoir l'estomac dans les talons
*Avoir la gueule de bois**
Avoir les yeux plus gros que le ventre
Avoir mal aux cheveux
Avoir un appétit d'oiseau
Avoir une faim de loup
*Boire comme un trou**
C'est un bec fin
C'est une bonne fourchette
*Casser la croûte**
Faire bonne chère
Manger comme quatre
Manger comme un ogre
Manger sur le pouce
Manger tout son saoul
Mettre les petits plats dans les grands
*Prendre une cuite**
*Se bourrer la gueule**
*Se taper la cloche**
*Se taper un gueuleton**

→ **Choisissez trois mots dans la liste, dites ce qu'ils vous évoquent et justifiez votre choix.**

doc. 6 suite

L'argent

Leur luxe, c'est la petite folie

Discret comme un héritier, épanoui comme un bobo (bourgeois-bohème) ou prudent comme un entrepreneur : zoom sur trois façons de vivre en France quand on a de l'argent.

Ah ! Si j'étais riche, dit la chanson. Et justement, que feriez-vous si vous l'étiez ? Quel délire vous offririez-vous ? Disons-le tout de suite : contrairement aux riches étrangers, le riche français n'a pas basculé dans le luxe trop visible. Affaire de retenue, dans un pays réticent à tout étalage d'argent.

Les plus discrets sont les héritiers. Nés fortunés, ils ont pour destin de faire fructifier le patrimoine qu'ils ont reçu, notamment l'inévitable château vignoble. Au pire s'offriront-ils une collection d'objets d'art. Indépendante de leurs efforts ou de leur talent, leur richesse est considérée comme la plus illégitime aux yeux de l'opinion publique. Puisqu'elle est mal vue, autant la cacher.

À l'opposé de cet univers, le riche bobo ultra libéré, à la manière de Richard Branson, patron de Virgin, qui a fait le tour du monde en montgolfière. Dans le même genre, l'exploration des fonds marins avec montre de plongée en diamants est devenue très à la mode chez les bobos.

Reste la catégorie intermédiaire, l'entrepreneur, plutôt à l'aise avec une fortune issue de sa propre sueur. Son principal problème c'est qu'il n'a guère le temps de la dépenser et que, même quand il s'offre un caprice, il ne peut s'empêcher de le rentabiliser. Ces derniers temps, nos riches entrepreneurs investissent volontiers dans le culturel et s'offrent des théâtres ou des salles de concert. Plus raisonnables, d'autres entrepreneurs n'hésitent pas à inviter des virtuoses chez eux à l'occasion d'une petite fête entre amis.

Voici, en quelques clichés, ce que les riches consomment.

Challenges, juillet 2001.

➔ **Quel est le sujet de cet article ?**
Quels sont les trois types de Français décrits dans le texte ? Caractérisez leur attitude.

doc. 1

➔ **Que représente ce document ?**
Quelles idées vous inspire-t-il ?

Argent
doc. 2

Tout s'achète ?

Tout s'achète ?

➔ **Reliez les bulles deux par deux et commentez les phrases que vous aurez obtenues** ***(exemple : b1)***

AVEC DE L'ARGENT, ON PEUT ACHETER…

- **a. Une maison**
- **b. Un lit**
- **c. Une montre**
- **d. De la nourriture**
- **e. Des médicaments**
- **f. Un certain rang**
- **g. Des aventures**
- **h. Des livres**

…MAIS ON NE PEUT PAS ACHETER

- **1. Le sommeil**
- **2. Le temps**
- **3. La santé**
- **4. Un foyer**
- **5. Le respect**
- **6. L'amour**
- **7. Le savoir**
- **8. L'appétit**

doc. 3

L'argent...

➔ **Vous avez la parole...**

1. L'argent est-il un sujet tabou dans votre culture ? Savez-vous combien gagnent vos parents, vos frères et sœurs, vos amis ?

2. Quels sont les signes extérieurs de richesse dans votre pays ?

3. Dans un couple, est-il souhaitable d'avoir un seul compte ?

4. Êtes-vous plutôt cigale (dépensier) ou plutôt fourmi (économe) ? Êtes-vous satisfait ou aimeriez-vous changer ?

5. Prêtez-vous facilement de l'argent à votre famille, à vos amis ? Quelle est votre attitude lorsque l'on « oublie » de vous rendre l'argent que vous avez prêté ?

6. Aimez-vous discuter les prix, marchander ? Aimeriez-vous participer à une vente aux enchères ?

7. Pour les enfants, l'argent de poche doit-il être systématique ou plutôt lié aux résultats scolaires ou à la conduite, par exemple ?

8. L'argent gagné au jeu (au loto par exemple) a-t-il la même valeur que celui gagné par son travail ?

9. Donnez-vous de l'argent aux gens qui mendient ?

10. Donnez-vous des pourboires ? Est-ce la coutume chez vous ?

11. Préférez-vous payer par chèque, carte bleue ou en espèces ?

12. Et enfin... Aimeriez-vous être multimillionnaire ? Enviez-vous la vie de ceux qui ont beaucoup d'argent ? Que feriez-vous de votre fortune ?

Citations et proverbes

« L'argent est un bon serviteur et un mauvais maître. »
ALEXANDRE DUMAS FILS

« La richesse est comme l'eau salée, plus on en boit, plus on a soif. »
SCHOPENHAUER

« Il y a tellement de choses plus importantes dans la vie que l'argent ! Mais elles sont si chères ! »
GROUCHO MARX

« Le chien qui a de l'argent on l'appelle Monsieur le chien. »
PROVERBE ARABE

« L'argent s'obtient avec du travail, se garde avec angoisse, se perd avec douleur. »
CASIODORO

« Si vous voulez connaître la valeur de l'argent, essayez d'en emprunter. »
PROVERBE CITÉ PAR B. FRANKLIN

« Tous ceux qui gagnent de l'argent, suivent avec patience et attention, ceux qui le perdent. »
BENITO PEREZ GALDOS

« Le dédain de l'argent est fréquent, surtout chez ceux qui n'en ont pas. »
G. COURTELINE

« On se lasse de tout, sauf de l'argent. »
T. DE MÉGARE

« L'argent ne fait pas le bonheur de celui qui n'en a pas. »
BORIS VIAN

➔ **Quelle est la citation que vous préférez ?**

doc. 5

Pour vous aider

Accumuler
Acheter / Un achat
Aisé
Amasser de l'argent
Argenté
Avancer de l'argent
Avare / L'avarice
Avoir de l'argent
De la fausse-monnaie / Un faux-monnayeur
Débourser
Demander l'aumône
Dépenser / Une dépense
Déposer de l'argent
*Des sous**
Devoir de l'argent
Du liquide
Économiser / Économe
Emprunter ≠ Prêter
Entasser
Épargner / L'épargne
Être Aisé
Être cossu
Être démuni
Être dépensier
Être dépourvu
Être pingre
Être richissime
Être ruiné
Faire des économies
Faire fortune
Faire fructifier son bien
Faire l'appoint
Gagner de l'argent
Hériter / Un héritage
Indigent
Investir / Un investissement
L'abondance
L'addition
L'appauvrissement
L'opulence
*L'oseille**
La Bourse
La mendicité
La misère
La nécessité
La note
La prospérité
La ruine
*La thune**
Le capital
Le luxe
*Le pognon**
Le troc
Les espèces
*Les pépètes**
*Les richards**
Mendier
Pauvre / La pauvreté
Payer / Un paiement
Placer de l'argent
Posséder
Prospérer
*Radin**
Rembourser
Rendre la monnaie
Retirer de l'argent / Un retrait
Riche / La richesse
S'enrichir
Solvable ≠ Insolvable
Spéculer / La spéculation
Toucher de l'argent
Troquer
Un bénéfice
Un bien
Un billet de banque / Une liasse de billets
Un chèque / Un carnet de chèques

Un coffre
Un coffre-fort
Un compte
Un coût
Un crédit ≠ Un débit
Un distributeur de billets
Un emprunt ≠ Un prêt
Un enrichissement
*Un flambeur**
Un fonds
Un héritier
Un impôt
*Un magot**
Un mendiant
Un parvenu
Un placement
Un porte-monnaie
Un portefeuille
Un prix
Un revenu
Un salaire
Un ticket de caisse
Un trésor
Un versement
Une banque / Un banquier
Une bourse d'études
Une carte bancaire
Une facture
Une fortune / Fortuné
Une pièce
Une recette
Une rente / Un rentier
Une somme d'argent
Une subvention
Une taxe
Une tirelire
Vendre/Une vente

Quelques expressions…

*Avoir du mal à joindre les deux bouts**
Avoir un bas de laine
En vouloir pour son argent
En avoir pour son argent
*Être bourré de fric**
Être à court d'argent
*Être dans la dèche**
Être sur la paille
*Être fauché**
*Être plein aux as**
*Être près de ses sous**
Être un grippe-sous
Être un panier percé
*Être sans le sou**
Faire des folies
Faire la manche
Jeter l'argent par les fenêtres
« L'argent me file entre les doigts »
*Ne pas avoir un radis**
Un chèque en blanc / en bois
Vivre au-dessus de ses moyens
Vivre sur un grand pied
Rouler sur l'or
Mener grand train

➔ **Choisissez trois mots dans la liste, dites ce qu'ils vous évoquent et justifiez votre choix.**

doc. 6 suite

Le mensonge

Profession : menteur

Dès l'enfance, j'ai eu le goût du mensonge. Depuis toujours, je racontais des histoires. Je ne mentais par intérêt : je mentais par plaisir. Je vivais dans un monde embelli par mon imagination. Alors, plus tard, je suis devenu comédien, un métier d'adulte pour un rêve d'enfant.

À l'origine de ma carrière de menteur, il y a ma grand-mère maternelle. La pauvre avait complètement perdu la mémoire et puisqu'elle ne se souvenait absolument de rien, je pouvais lui dire n'importe quoi : j'ai pris ainsi mes premières leçons de théâtre. Mes séjours chez ma grand-mère étaient de véritables vacances pour l'esprit car sa gentillesse était sans limites. Elle pouvait entendre une chose à cinq heures, son contraire à six heures, et une autre version encore à huit heures ; elle écoutait toujours avec la même attention.

À l'école, j'ai continué à mentir. J'avais un grand ami, un compagnon de jeu parfait, un confident idéal, fidèle, discret, qui me suivait comme mon ombre ; forcément, puisque je l'avais inventé. Je l'appelai Désiré. Je rentrais chaque jour de l'école avec lui et je lui racontais tout. Mais assez vite il me créa des difficultés. Il devenait proche. Nous étions de si grands amis, nous faisions tant de choses ensemble que ma mère voulut absolument connaître ce camarade de classe. Elle insista pour qu'il vienne jouer chez moi un jeudi. Alors, à mon grand regret, j'ai dû me résoudre à me séparer de lui. J'ai choisi la solution la plus radicale : je l'ai tué. J'ai fait disparaître toute la famille de mon ami dans un accident de la route ! J'en ai eu un chagrin immense et totalement sincère.

D'après François Perrier,
Profession : menteur.

➔ **Quelle anecdote François Perrier raconte-t-il ?**
Qu'en pensez-vous ?

doc. 1

Mensonge et vérité

Vous avez la parole...

1. Mentez-vous souvent ? Pourriez-vous vous qualifier de menteur ?

2. Quel est votre plus gros mensonge d'enfant ?

3. Doit-on toujours dire la vérité aux enfants ? Sinon, dans quel cas doit-on leur mentir ?

4. Est-il possible de se mentir à soi-même ? Comment ?

5. Préférez-vous ne pas savoir que l'on vous ment ? Quelle est votre réaction lorsque vous apprenez que l'on vous a menti ?

6. Quels mensonges pardonnez-vous le plus facilement ?

7. Le fait de ne rien dire, de ne pas dévoiler la vérité, est-il un mensonge ? Pourquoi ?

8. Est-ce qu'il y a des professions où il faut savoir mentir (avocat, homme politique, commerçant) ?

9. Les femmes et les hommes mentent-ils de la même façon ? Pour les mêmes raisons ?

10. Est-il parfois nécessaire de mentir ? Dans quelles situations (travail, famille, couple, amis...) ? Pourrions-nous vivre en société sans mentir ? Pourquoi ?

Mensonge doc. 2

Citations et proverbes

« Trois sortes de gens disent la vérité : les sots, les enfants et les ivrognes. »
Proverbe allemand

« Dis quelquefois la vérité, afin qu'on te croie quand tu mentiras. »
J. Renard

« Le mensonge qui fait du bien vaut mieux que la vérité qui fait du mal. »
Proverbe persan

« La vérité et les roses ont des épines. »
Proverbe anglais

« La vérité est une dame que l'on replonge volontiers dans son puits, après l'en avoir tirée. »
Proverbe français

« Les vérités qu'on aime le moins à apprendre sont celles qu'on a le plus d'intérêt à savoir. »
Proverbe chinois

« Un mensonge en entraîne un autre. »
Proverbe latin

« Le plaisir de mentir, c'est une des grandes voluptés de la vie. »
S. Guitry

« Si tout homme ment… Toute femme ment aussi, mais beaucoup mieux. »
J. Barbey d'Aurevilly

« Le mensonge donne des fleurs mais pas de fruits. »
Proverbe espagnol

→ **Quelle est la citation que vous préférez ?**

doc. 3

Tromperie

Paul Nathalie

Sophie

➔ **Nathalie, votre meilleure amie, est mariée à Paul.**
Vous la connaissez depuis votre enfance. Un jour, par hasard, vous surprenez Paul avec une autre femme, Sophie. Il trompe votre amie. Nathalie, qui a des doutes, vous demande si vous savez quelque chose.

Que faites-vous ?

- **Vous ne dites rien.**
- **Vous dites la vérité à Nathalie.**
- **Vous allez d'abord parler à Paul.**
- **Avez-vous une autre solution ?**

Mensonge d'enfant

Mon premier ami avait un an de plus que moi. Nous n'étions pas au même collège. Nous nous étions rencontrés en été, à Ifrane, où ma tante avait sa résidence secondaire (l'été à Fès est insupportable). Il avait les cheveux blonds, il était mince et élégant. […].
Si je me souviens aujourd'hui de cette amitié, c'est qu'elle fut construite sur un mensonge. D'un an plus âgé, il paraissait plus jeune que moi. Je venais d'entrer en sixième. Quand je lui demandai en quelle classe il était, il me répondit « en cinquième » avec l'air de dire « évidemment ». Et moi, sans réfléchir, je répondis « moi aussi ». J'ai entretenu ce mensonge toute une année. Nous nous écrivions des lettres. Il me parlait des auteurs qu'il lisait en classe et je me précipitais à la bibliothèque française pour emprunter leurs livres, essayant de les lire à mon tour pour soutenir la discussion. Deux étés plus tard, je lui écrivis une longue lettre où j'avouais la vérité. Je n'arrivais plus à supporter les effets de mon mensonge. Je préférais m'en débarrasser. Ce fut la fin de cette amitié. Je ne reçus plus aucune lettre de lui, je compris que l'amitié ne souffrait aucune dérogation, même pas un petit mensonge d'orgueil. La leçon se résumait ainsi : j'ai perdu un ami parce que je lui ai menti.
Ce petit mensonge d'un enfant de treize ans allait me poursuivre longtemps, au point que la vérité deviendrait pour moi une véritable religion aux conséquences graves. Pourtant, dire systématiquement la vérité n'est pas toujours souhaitable : toutes les vérités ne sont pas bonnes à dire.

La soudure fraternelle, Tahar Ben Jelloun.

➔ **Commentez la dernière phrase.**

➔ **Comparez avec le texte de François Perrier (page 40) ; Quel mensonge vous paraît le plus grave ? Pourquoi ?**

doc. 5

Pour vous aider

Abuser
Amplifier
Avoir confiance en quelqu'un
Avouer / Un aveu
Broder
Cacher / Une cachotterie
Confesser / Une confession
Confiant
Déguiser / Un déguisement
Démentir / Un démenti
Désavouer / Un désaveu
Dévoiler
Dissimuler / Une dissimulation
Divulguer / Une divulgation
Enjoliver
Exact ≠ Inexact
Exagérer / Une exagération
Faire confiance à quelqu'un
Faire semblant
Faux
Feindre / Une feinte
Fictif
Fourbe
Franc
Honnête ≠ Malhonnête
Hypocrite
Induire en erreur
Inventer
Jouer la comédie
L' hypocrisie
L'honnêteté
La franchise
La sincérité
La vérité
*Le bluff**
Leurrer / Un leurre
Mensonger
Mentir / Un mensonge
Mystifier
Nier
Reconnaître un fait
Révéler / Une révélation
S'avérer
S'enferrer dans un mensonge
Se confier à / La confiance
Se contredire / Une contradiction
Se méfier de / La méfiance
Se trahir
Sincère
Trahir / Une trahison
Tromper / Une tromperie
Un artifice
*Un bluffeur**
*Un bobard**
Un cachottier
Un charlatan
Un imposteur
Un menteur
Un mystificateur
Un secret
Un simulateur / Une simulation
Un confident
Un mythomane
Une blague
Une contrevérité
Une fiction
Une illusion
Une imposture
Une supercherie
Véridique
Véritable
Vrai ≠ Faux
Vraisemblable ≠ Invraisemblable

Pour vous aider

Quelques expressions…

Dire ses quatre vérités à quelqu'un
Jouer la comédie
*Mener quelqu'un en bateau**
Mentir comme un arracheur de dents
*Monter un bateau à quelqu'un**
Promettre monts et merveilles
*Raconter des salades**
*Raconter des bobards**
Raconter des sornettes
Tirer quelque chose au clair
Une histoire à dormir debout

➔ **Choisissez trois mots dans la liste, dites ce qu'ils vous évoquent et justifiez votre choix.**

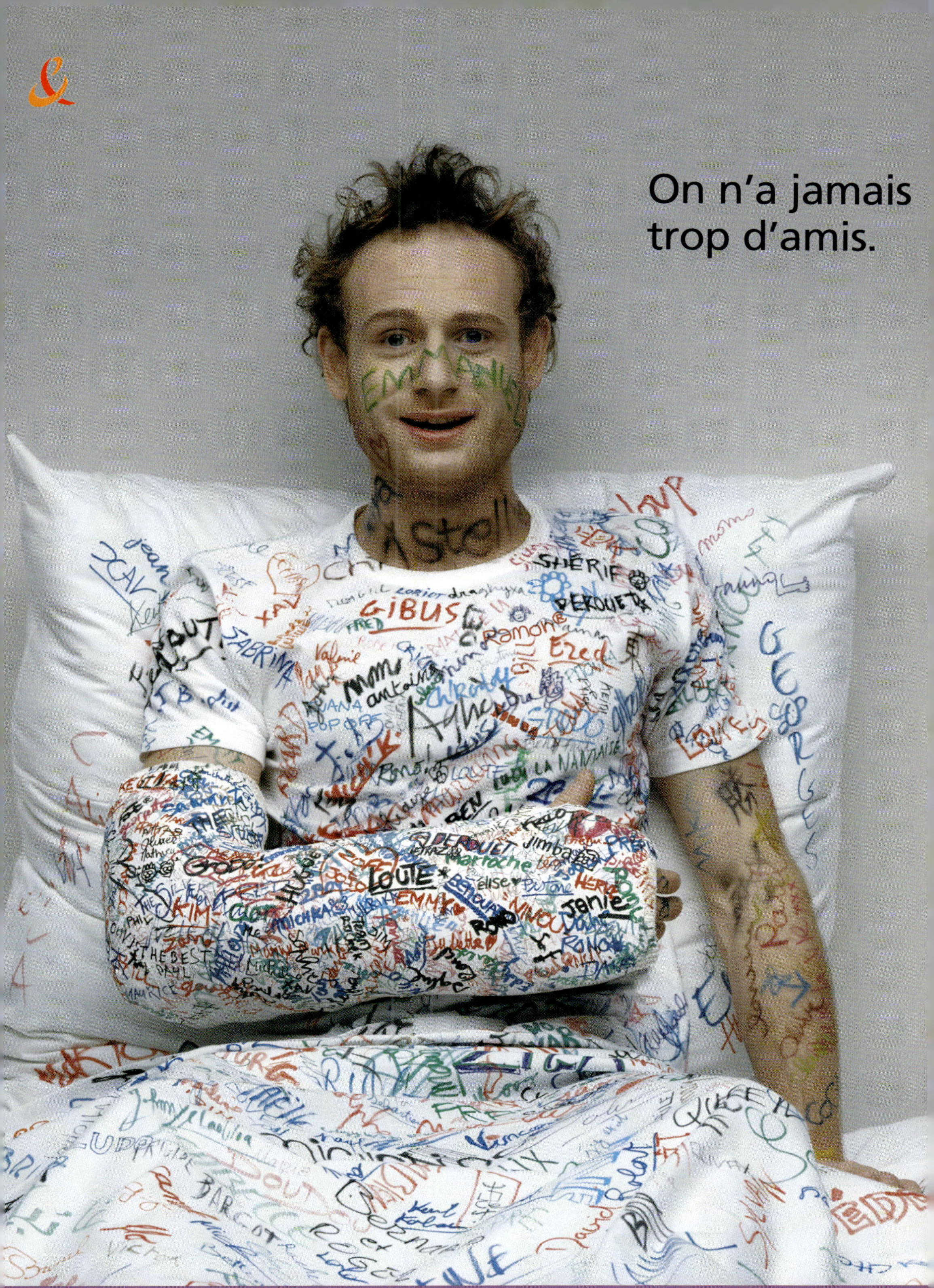

L'amitié

L'amitié en question

• Est-il vrai que ceux qui se ressemblent s'assemblent ?

À priori oui. Certaines études confirmeraient qu'avant 25 ans, 70 % des meilleurs amis appartiennent à la même tranche d'âge. Plus de 50 % des amis ont un statut social identique. Et les hommes sont majoritairement amis avec d'autres hommes, de même que les femmes entre elles. Plus généralement, et aux dires de tous les psychologues, un ami aime aussi se retrouver dans la personnalité de l'autre. C'est là que se trouve toute la subtilité d'une relation amicale : les amis se distinguent par leurs différences (d'où leur complémentarité) mais ils se ressemblent aussi sur de nombreux points. Ainsi s'entraident-ils à mieux se connaître et à mieux comprendre le monde qui les entoure. Les amis échangent leurs points de vue, partagent les peines et les bonheurs...

• Est-ce de l'amour sans sexe ?

Les rapports amicaux sont très différents des rapports amoureux. En dehors des amitiés où l'un des partenaires attend son heure (« on ne sait jamais, peut-être un jour deviendrons-nous amants ? »), les amis ne franchissent jamais certaines limites. Ils peuvent se toucher, s'enlacer, dormir ensemble... Sans aucun sous-entendu érotique. Faire l'amour est une question qui ne se pose même pas. Les adolescents sont généralement moins sûrs que leurs aînés. Hugues Lagrange, sociologue au CNRS (Centre National de la Recherche Scientifique), et auteur du livre « *Adolescents, le sexe et l'amour* » affirme que certains jeunes n'éprouvent aucune contradiction à faire l'amour avec un ou une ami(e).

• Peut-on vivre sans amis ?

De nombreuses personnes avouent ne pas posséder d'amis soit ils considèrent que parmi leurs connaissances personne ne mérite ce titre, soit ils vivent dans la solitude (par choix ou fait). Les associations comme SOS Amitié confirment toutefois que la majorité des personnes vraiment seules souffrent de cet isolement. ■

Claude Faber, *Les clés de l'actualité*, 2000.

→ **Présentez les idées développées dans chacun des articles.**

doc. 1

Une amie : de l'intimité et un peu plus

Maïtena.

→ **Que représente ce document ? Quelles idées vous inspire-t-il ?**

Amitié

doc. 2

L'amitié

→ **Vous avez la parole…**

1. Donnez une définition de l'amitié.

2. Les sentiments d'amitié et d'amour se ressemblent-ils ou sont-ils très différents ? Pourquoi ?

3. La notion d'amitié est-elle différente selon les cultures ? Donnez des exemples.

4. Quelles sont les qualités qui sont importantes chez vos amis ? Les défauts que vous ne supporteriez pas ?

5. En quoi les amis sont-ils différents des copains ?

6. Peut-on avoir plusieurs vrais amis ? Faites-vous une différence entre vos amis ?

7. Que seriez-vous capable de faire par amitié ? Mentir, voler, être complice d'un meurtre ? Dans quelles circonstances ?

8. Dans quels cas seriez-vous capable de dénoncer un ami ?

9. Prêtez-vous facilement de l'argent à vos amis ? Pourquoi ?

10. Faut-il voir régulièrement ses amis pour les garder ?

doc. 3 et 4

Citations et proverbes

« Qui cesse d'être un ami ne l'a jamais été. »
HIÉRON

« L'ami véritable est l'ami des heures difficiles. »
LATIN

« Le seul moyen d'avoir un ami, c'est d'en être un. »
R.W. EMERSON.

« Un ami […] c'est quelqu'un avec qui on serait heureux de faire un mauvais coup. »
GIDE

« Plus l'ami est ancien, meilleur il est. »
PLAUTE

« Un vieil ami est le plus fidèle des miroirs. »
PROVERBE ESPAGNOL

« J'ai renoncé à l'amitié de deux hommes : l'un parce qu'il ne m'a jamais parlé de lui ; l'autre parce qu'il ne m'a jamais parlé de moi. »
CHAMFORT

« Quelque rare que soit l'amour, il l'est encore moins que la véritable amitié. »
LA ROCHEFOUCAULD

« La moitié d'un ami, c'est la moitié d'un traître. »
V. HUGO

« L'ami de tout le monde n'est l'ami de personne. »
PROVERBE FRANÇAIS

➔ **Quelle est la citation que vous préférez ?**

Admirer / L'admiration
Aider / Une aide
Amical
Apprécier quelqu'un
Avoir confiance en quelqu'un
Avoir des liens avec quelqu'un
Avoir des points communs avec quelqu'un
Bavarder
Compréhensif
Consoler
Cultiver l'amitié
Discuter / Une discussion
Éprouver de l'amitié pour quelqu'un
Être bien avec quelqu'un
Être disponible
Être en bons termes avec quelqu'un
Être fidèle
Être franc
Être honnête
Être lié à quelqu'un
Être présent
Être proche de quelqu'un
Faire confiance à quelqu'un
Fréquenter / Une fréquentation
L'affection
L'amitié ≠ L'inimitié
L'entourage
L'honnêteté
L'intimité
La camaraderie
La complicité
La compréhension ≠ L'incompréhension
La confiance ≠ La méfiance
La convivialité
La cordialité
La disponibilité
La fidélité
La franchise
La fraternité
La tendresse
La tolérance
Les bons et les mauvais moments
Nouer une amitié
Partager / Un partage
*Prendre un pot**
Réconforter
Remonter le moral
Rencontrer / Une rencontre
Renouer avec quelqu'un
Rompre / Une rupture
S'allier / Une alliance
S'associer / Une association
S'attacher à quelqu'un
S'entendre bien / mal avec quelqu'un
Se brouiller avec quelqu'un
Se confier à quelqu'un
Se distraire / Une distraction
Se fâcher avec quelqu'un
Se méfier de quelqu'un
Se réconcilier avec quelqu'un
Se séparer / Une séparation
Se voir
Soutenir quelqu'un
Trahir / Une trahison
Un accord
Un ami d'enfance
Un attachement
Un centre d'intérêt

Pour vous aider

Un coéquipier
Un copain / Une copine
*Un pote**
Un secret
Un allié
Un ami ≠ Un ennemi
Un collègue
Un complice
Un confident
Un camarade
Une brouille
Une connaissance
Une entente
Un loisir
Une relation

Quelques expressions…

Être comme les deux doigts de la main
Être copains comme cochons

➔ **Choisissez trois mots dans la liste, dites ce qu'ils vous évoquent et justifiez votre choix.**

doc. 6

Vous étiez capable de trier à 2 ans.
Alors pourquoi ne pas continuer à trier aujourd'hui ?
L'écologie

L'hypermarché, le caddie et le congélateur

En fin de semaine, les hypermarchés de banlieue connaissent une forte affluence. Venus pour la plupart en automobile, les consommateurs y font leurs courses de la semaine. Des coffres des voitures, les aliments sont stockés dans les réfrigérateurs, congélateurs et autres lieux de rangement. Derrière cette pratique fort répandue, un mode de consommation très énergivore s'est mis en place. Ainsi, faire ses achats dans un hypermarché de périphérie engendre quatre fois plus de pollution et de nuisances qu'acheter les mêmes provisions à 500 mètres de chez soi dans un supermarché de centre ville. Cela pour la simple raison que 85 % des consommateurs s'y rendent en auto.

Un consommateur revient d'un hypermarché plus chargé que lorsqu'il rentre d'un petit supermarché : 25 kg contre 4,16 kg. Bien sûr, il se rend moins souvent à l'hypermarché qu'à la moyenne surface. Mais les très grandes structures commerciales incitent au stockage : savons offerts par trois, lait « longue conservation » proposé par pack de six, éternels barils de lessive vendus par deux, conditionnement par lots, entraînent un « suremballage » par films plastiques. Acheter en grosse quantité dans le but de réaliser des économies entraîne une surconsommation du congélateur qui doit tourner à plein. L'économie faite au moment de l'achat est alors remise en cause par la note d'électricité !

Pour augmenter ses marges, la grande distribution a fait le choix d'abandonner la consigne des bouteilles vides, mesure suivie par l'ensemble des fabricants de boissons. La collecte du verre usagé se fait désormais de façon volontaire dans des conteneurs mis à la disposition du public. Mais les poids lourds qui livrent les boissons aux points de vente repartent à vide sans reprendre de consignes, tandis que les camions qui récupèrent le verre recyclé arrivent à vide pour repartir chargés. C'est deux fois plus de véhicules pour une récupération bien moins efficace.

Dans notre société occidentale, les consommateurs se sont habitués à trouver toute l'année des fruits et légumes qui n'étaient auparavant disponibles qu'à certaines périodes de l'année. Cette profusion de produits fait oublier qu'en hiver une salade de serre produite en Europe contient 1 litre d'équivalent pétrole, et que 20 à 25 % du coût des tomates françaises (produites dans des serres chauffées) est imputable à l'énergie. Des fruits et légumes de saison produits dans le sud de l'Espagne ou au Maroc ne nécessitent l'emploi d'aucune serre chauffée, mais leur acheminement par camions consomme aussi de l'énergie.
En zone rurale, les consommateurs parcourent parfois jusqu'à 50 kilomètres pour faire leurs courses. Le bilan énergétique est alors des plus mauvais. En fait, rien ne vaut un tissu urbain riche en petits commerces et en supermarchés de proximité, où seulement 9 % des consommateurs viennent en voiture.

L'idéal est bien sûr de faire ses courses à pied. Ce qui permet d'avoir un minimum d'activité physique, de retrouver le plaisir de se promener dans les rues commerçantes, de regarder les étalages, de saluer ses voisins… et de faire vivre un quartier.

D'après Philippe Bovet, Le Monde Diplomatique, mars 2001.

→ **Quelles sont les différentes informations contenues dans ce texte ? Vous surprennent-elles ?**

doc. 1

Activité
Les 10 commandements

1. Tes déchets tu trieras
2. Sur du papier recyclé tu écriras
3. Les piles au magasin tu rapporteras
4. Ta consommation d'électricité tu réduiras
5. Ta voiture tu oublieras
6. Ton jardin avec des produits naturels tu cultiveras
7. Ton bricolage avec des produits non polluants tu feras
8. La température de ton chauffage tu diminueras
9. L'eau de javel plus jamais tu n'utiliseras
10. Ta consommation d'eau tu surveilleras

D'après Elle - juin 2000

➔ **Classez ces commandements par ordre décroissant : du plus au moins important pour vous et justifiez votre classement.**

L'écologie
Pollution, déchets, écologie

➔ **Vous avez la parole...**

1. Donnez une définition de l'écologie.

2. Vous sentez-vous personnellement concerné par la défense de l'environnement ?

3. Quelles mesures ont été prises dans votre pays ? Que faites-vous personnellement pour préserver la nature ?

4. Seriez-vous prêt à limiter votre consommation d'électricité ou d'eau pour économiser les ressources naturelles ?

5. Quelle est votre réaction quand quelqu'un jette quelque chose par terre dans la rue ?

6. Quels moyens faut-il utiliser pour que les gens prennent conscience de la nécessité de protéger la nature ?

7. Quelles mesures faut-il adopter pour réduire la pollution due à la circulation automobile : interdire le centre ville aux voitures, augmenter le prix de l'essence, développer le covoiturage ? Avez-vous d'autres solutions ?

8. Quelle pollution vous paraît la plus grave : celle de la mer, de l'air, de la terre ?

9. Existe-t-il un parti écologiste dans votre pays ? Est-il populaire ?

10. Quel est le plus facile des gestes écologiques ?

doc. 3

Citations

« Il faut bien que la nature existe, pour pouvoir la violer. »
PABLO PICASSO

« Nature peut tout et fait tout. »
MONTAIGNE

« La nature est une œuvre d'art, mais l'homme n'est qu'un arrangeur de mauvais goût. »
GEORGES SAND

« L'écologie est aussi et surtout un problème culturel. Le respect de l'environnement passe par un grand nombre de changements comportementaux. »
NICOLAS HULOT

« À la limite, le seul écologiste irréprochable est celui qui met tout en œuvre pour mourir sans laisser la moindre trace de son passage sur Terre. »
DIDIER NORDON

« Les arbres sont responsables de plus de pollution aérienne que les usines. »
RONALD REAGAN

« J'ai connu un temps où la principale pollution venait de ce que les gens secouaient leur tapis par la fenêtre. »
GILBERT CESBRON

« Lutte antipollution : détournement d'ordures sur les régions voisines. »
GEORGES ELGOZY

« Le déchet le plus facile à éliminer est celui que l'on n'a pas produit. »
ANONYME

« Chaque civilisation a les ordures qu'elle mérite. »
GEORGES DUHAMEL

➔ **Quelle est la citation que vous préférez ?**

Recyclage

La seconde vie des objets

➔ **Trouvez quels objets de la colonne de gauche permettent d'obtenir, une fois recyclés, les objets de la colonne de droite :**

a. Un pneu

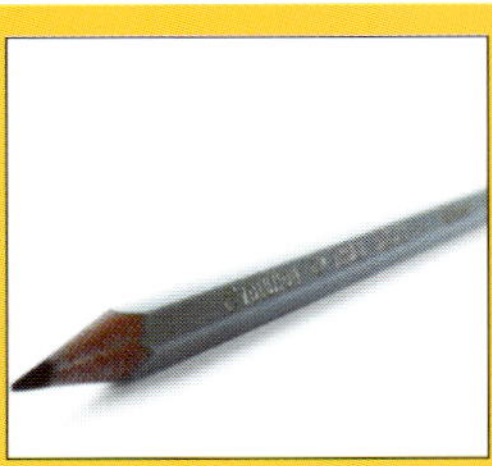

1. Un crayon

b. Des bouteilles

2. Une veste polaire

c. Un bidon de lessive

3. Des chaussures de randonnée

d. Des téléphones usagés

4. Des couverts

e. Une boîte de sardines

5. De la peinture de sol

doc. 5

Pour vous aider

Abîmer
Améliorer / Une amélioration
Analyser / Une analyse
Baisser / Une baisse
Biodégradable
Causer / Une cause
Consommer / La consommation
Contaminer / La contamination
Décontaminer / La décontamination
Découvrir / Une découverte
Défendre / La défense
Dégrader / Une dégradation
Détruire / La destruction
Diminuer / Une diminution
Écologique
Économique
Économiser / L'économie
Encombrer / L'encombrement
Endommager
Enfumer
Épuisable ≠ Inépuisable
Épuiser / L'épuisement
Épurer
Étudier / Une étude
Excessif
Exploiter / L'exploitation
Gaspiller / Le gaspillage
Gérer / La gestion
Jeter quelque chose
L'air
L'atmosphère
L'écosystème
L'effet de serre
L'énergie
L'environnement
L'essence sans plomb
L'industrie
L'ozone
La chimie / Chimique
La déforestation
La fumée
La nature
La planète
La pollution
La pureté
La qualité de vie
La radioactivité
La recherche scientifique
La responsabilité ≠ L'irresponsabilité
La saleté ≠ La propreté
La santé
La science
La température
La Terre
Le bois
Le climat
Le dégazage
Le mazout
Le milieu
Le nucléaire / Nucléaire
Le patrimoine
Le plastique
Le progrès
Le réchauffement de la planète
Le sol
Le taux de pollution
Le territoire
Le trou dans la couche d'ozone
Le verre
Légal ≠ Illégal
Légiférer / Une loi
Les ordures ménagères
Limiter / Une limitation
Menacer / Une menace
Mortel
Mourir / La mort

Écologie
doc. 6

Nocif
Nuire / Une nuisance
Nuisible
Obliger quelqu'un à faire quelque chose / Une obligation
Planter
Pollué / Polluant
Polluer ≠ Dépolluer
Préserver / La préservation
Produire / La production
Projeter / Un projet
Protéger / Une protection
Pur
Récupérer / Une récupération
Recycler / Le recyclage
Réduire / Une réduction
Réglementer / Un règlement
Rejeter
Remédier / Un remède
Renouvelable (l'énergie)
Respecter / Le respect
Responsable ≠ Irresponsable
Risquer / Un risque
Sale ≠ propre
Salir
Sauvegarder / La sauvegarde
Sauver
Souiller
Trier / Le tri
Un animal en voie de disparition
Un carburant
Un conteneur
Un danger / Dangereux
Un déchet dégradable
Un déchet organique
Un déchet radioactif
Un déchet toxique
Un dégât
Un détritus
Un écologiste
Un emballage
Un engrais
Un espace vert
Un être vivant
Un excès
Un filtre
Un gaz
Un gaz d'échappement
Un industriel
Un insecticide
Un minéral
Un organisme
Un papier
Un parc naturel
Un pesticide
Un pétrolier
Un phénomène naturel
Un polluant
Un pollueur
Un produit
Un végétal
Une bactérie
Une boîte de conserve
Une catastrophe écologique
Une décharge
Une déchetterie
Une forêt
Une industrie
Une marée noire
Une matière première
Une nappe (de mazout)
Une norme
Une poubelle
Une raffinerie
Une réserve
Une ressource naturelle
Une usine d'incinération
Une usine de traitement
Utiliser / Une utilisation
Vivre / La vie

➔ **Choisissez trois mots dans la liste, dites ce qu'ils vous évoquent et justifiez votre choix.**

doc. 6 suite

Les jeux

L'univers des cartes

En Europe, les cartes et donc les joueurs de cartes font leur apparition dans le dernier tiers du XIVe siècle. Au début du XVe siècle, les cartes n'ont pas encore cette réputation d'immoralité qu'elles auront par la suite. Pourtant, dès la fin du siècle, l'engouement est tel que déjà il suscite un certain nombre de critiques. Il faut préciser que les jeux pratiqués alors sont essentiellement fondés sur le pari et l'argent.

Une distinction est aujourd'hui opérée entre jeux de loisirs et jeux d'argent. Il n'en a pas toujours été ainsi. L'observation des joueurs français de l'Ancien Régime met en évidence des comportements particuliers, indissociables de leur mode de vie. Si le jeu occupe une place privilégiée dans la vie quotidienne d'alors, c'est qu'il est un des moyens les plus rapides de faire fortune. À la Cour de Versailles, le roi, ses proches et les courtisans se retrouvent quotidiennement attablés en train de jouer aux cartes et de miser des sommes parfois considérables (l'équivalent de plusieurs milliers d'euros). Ni les pouvoirs publics, ni les représentants de l'Église ne parviendront à freiner cette passion généralisée pour l'appât du gain.

Les toutes premières cartes à jouer ont été vraisemblablement dessinées et coloriées à la main. C'est néanmoins la généralisation du papier qui en a permis, dès la première moitié du XVe siècle, une production accrue.

Les premières preuves de l'existence des cartes à jouer en Europe sont des règlements municipaux qui tentent d'en prohiber l'usage, à la fin du XIVe siècle.

Les jeux de cartes font alors l'objet d'une pénalisation sévère. Du point de vue des autorités religieuses, les cartes, jugées « diaboliques », sont l'objet d'un combat incessant. En fait, très tôt, le pouvoir hésite entre la répression et le désir de contrôler cette activité pour en tirer quelques avantages financiers. Ainsi, à partir du XVe siècle, la plupart des souverains étrangers choisissent de prélever un impôt sur les cartes à jouer. En France, il faut attendre la Révolution puis l'Empire, pour favoriser une évolution des comportements. Les jeux, pris dans leur ensemble, ne font plus l'objet d'une prohibition radicale et l'on institue désormais des lieux spécialisés et contrôlés.

Aujourd'hui encore, interdits ou tolérés, ce ne sont pas tant les jeux eux-mêmes que les maisons de jeux qui tombent sous le coup de la loi. Si aucun jeu n'est vraiment interdit, la pratique de ceux faisant la plus large part au hasard est très réglementée.

Le Musée français de la carte

➔ **Retracez l'historique des jeux de cartes.**

doc. 1

→ **Que représente ce document ?**
Quelles idées vous inspire-t-il ?

Jeux
doc. 2

Jeux de hasard - Jeux d'argent

➔ **Vous avez la parole…**

1. Jouez-vous à des jeux d'argent ?

2. Comment devient-on « accro » au jeu ?

3. L'argent est-il la seule motivation des vrais joueurs ?

4. Êtes-vous déjà allé dans un casino ?

5. Que feriez-vous d'une grosse somme d'argent gagnée au jeu ?

Jeux de cartes - Jeux de société

6. À quels jeux jouiez-vous quand vous étiez enfant ?

7. Quel est votre jeu de société préféré ?

8. Jouez-vous pour le plaisir ou pour gagner ? Êtes-vous un bon perdant ?

9. Qu'apportent les jeux de société à un enfant ?

10. Les jeux vidéo prennent-ils la place des jeux de société ?

doc. 3

Citations et proverbes

« L'éternel enfant. - Nous croyons que les contes et les jeux appartiennent à l'enfance, myopes que nous sommes ! Comment pourrions-nous vivre, à n'importe quel âge de la vie, sans contes et sans jeux ! »
Friedrich Nietzsche

« On n'est pas sur la terre pour s'amuser. » … « Pardon, voudriez-vous me dire pourquoi on y est, si ce n'est pas pour s'amuser. Serait-ce pour souffrir ? »
Léon Bloy

« Le jeu est l'occupation la plus sérieuse de l'enfant ; la plus frivole étant l'éducation. »
Albert Brie

« Le jeu permet de tout oublier, y compris qu'on n'a pas les moyens de jouer. »
Philippe Bouvard

« Dans le jeu on n'est pas libre, pour le joueur le jeu est un piège. »
Milan Kundera

« Si on ne peut plus tricher avec ses amis, ce n'est plus la peine de jouer aux cartes. »
Marcel Pagnol

« On ne joue pas en assistant à un jeu. »
Proverbe baoulé

« Aucun jeu ne peut se jouer sans règles. »
Vaclav Havel

« Les enfants témoignent par leurs jeux de leur grande faculté d'abstraction et de leur haute puissance imaginative. Ils jouent sans joujoux. »
Charles Baudelaire

« On ne doit pas jouer franc jeu quand les autres trichent. »
Gil Bluteau

➔ **Quelle est la citation que vous préférez ?**

Pour vous aider

*Avoir de la veine**
*Avoir du bol**
Battre les cartes
*C'est de la triche**
Couper les cartes
*Être accro au jeu**
Être mauvais joueur
Faire la belle
Faire sauter la banque
Gagner / Un gain / Un gagnant
La chance / chanceux
La face d'un dé
La règle d'un jeu
Lancer les dés
Le tapis
Marquer un point
Miser / Une mise
Montrer / Cacher ses cartes
Pair / Impair
Parier / Un pari / Un parieur
Passer son tour
Pile ou face
Piocher
Piper les dés
Quitte ou double
Tirer au sort
Tirer une carte
Tricher
Un gage
Un jeton
Un lot
Un partenaire
Un pion
Un tricheur
Un tripot
Une attraction
Une case
Une occupation
Une revanche
Une table de jeu

Quelques jeux et jouets

Cache-cache
Chat perché
Colin-Maillard
Des quilles
Jouer à l'élastique
Jouer à la marelle
Jouer à saute-mouton
La pâte à modeler
La roulette
Le jeu des sept familles
Le loto
Les billes
Les petits chevaux
Les dames
Les dés
Les dominos
Les échecs
Les mots croisés
Un ballon
Un billard
Un cerf-volant
Un déguisement
Un jeu d'adresse
Un jeu d'argent
Un jeu de cartes
Un jeu de construction
Un jeu de hasard
Un jeu de société
Un jeu vidéo
Un ours en peluche
Un puzzle
Un ticket à gratter
Un train électrique
Une balle
Une charade
Une corde à sauter
Une dînette
Une machine à sous
Une marionnette
Une poupée

Quelques expressions…

Abattre ses cartes, son jeu
Brouiller les cartes
C'est un jeu d'enfant
Cacher son jeu
Calmer le jeu
Connaître le dessous des cartes
*Être habillé comme l'as de pique**
*Être plein aux as**
Être un as de quelque chose
Jouer cartes sur table
Jouer franc jeu ≠ Jouer double jeu
Jouer le jeu
Jouer sa dernière carte, son va-tout
Lire dans le jeu de quelqu'un
*Passer quelque chose à l'as**
S'écrouler comme un château de cartes
Tirer son épingle du jeu

→ **Choisissez trois mots dans la liste, dites ce qu'ils vous évoquent et justifiez votre choix.**

doc. 5

Le savoir-vivre

Le nouveau savoir-vivre

Sachez garder vos distances

Mauvaise vue, désir de convaincre ou légère surdité font que certains ont tendance à trop s'approcher de leur interlocuteur. Si celui-ci fait un pas en arrière, c'est qu'il est gêné. Gardez vos distances ! Ne saisissez pas le bras de celui à qui vous parlez pour mieux retenir son attention. Évitez aussi les tapes dans le dos ou les bourrades « amicales ».

Regardez droit dans les yeux

Le premier contact est déterminant. Ayez un regard franc. Ne détournez pas les yeux, même si le sujet vous embarrasse : un regard fuyant peut donner le sentiment que vous mijotez une fourberie. La poignée de main est aussi révélatrice. Elle doit être ferme. Pas question de broyer les doigts ; pas question non plus de tendre une main molle.

Saluez sans importuner

On salue d'un signe de tête et d'un sourire discrets une personne en compagnie de quelqu'un qu'on ne connaît pas. C'est à la personne ainsi saluée de s'arrêter ou non. La pire maladresse, c'est de se ruer sur elle avant qu'elle ne vous ait signifié clairement son désir d'être reconnue et, éventuellement, de bavarder. Si elle détourne le regard, c'est qu'elle a ses raisons. Ne le prenez pas mal, soyez discret.

Détails qui tuent

- Les chaussures crottées
- Les pellicules sur votre veste
- Une pilosité disgracieuse *(aisselles ou jambes non épilées)*
- Les cheveux gras mouillés
- Le vernis à ongles écaillé
- Les mauvaises odeurs

Respectez l'espace des autres

Apprenez à respecter l'espace vital des passants. Si vous bousculez quelqu'un involontairement, excusez-vous d'un bref «pardon, monsieur» ou «madame». Laissez le passage à une personne handicapée, âgée, chargée de paquet ou poussant une voiture d'enfant. Avant d'interpeller une personne pour lui demander un renseignement un «bonjour» est toujours le bienvenu. Pensez aussi à proposer votre aide à des étrangers plongés dans un plan de la ville et visiblement perdus. Enfin, ne bloquez pas le passage en bavardant à plusieurs sur le trottoir, obligeant ceux qui vous croisent à descendre du trottoir pour continuer leur chemin.

Éteignez votre portable

Dans les lieux publics (restaurants, théâtres, transports en commun), éteignez votre portable en entrant. Rien n'est plus désagréable que de subir les conversations de ses voisins. Au restaurant, si vous attendez un appel urgent, soyez bref et parlez doucement.

Des déjeuners sans excès

Ce rituel très français ne doit pas rimer avec bombance : on déjeune ensemble pour le plaisir, mais surtout pour parler affaire. Si vous êtes l'invitée, soyez ponctuelle et restez mesurée dans votre consommation : de nos jours, on prend rarement apéritif, entrée, plat, dessert, café et liqueur…

Réglez l'addition à l'abri des regards

Si vous êtes invitée, ne choisissez pas les plats les plus onéreux. En revanche, lorsque c'est vous qui invitez, évitez de commander les plats les moins chers ; vos convives se croiraient obligés de vous imiter. Le choix du vin vous revient ; n'oubliez pas d'en commander à nouveau si les bouteilles sont vides et le repas non terminé. Enfin, arrangez-vous pour régler discrètement la note au moment du café (ne vérifiez pas son montant à table). Entre amis, il n'est pas question de demander des additions séparées. La note est divisée par le nombre de convives. Alors, veillez à prendre des plats dans la même gamme de prix que tout le monde.

Bisou, bisou

Embrasser ses amis et les personnes que l'on rencontre pour la première fois était inimaginable il y a vingt ans. Aujourd'hui, cette façon de se saluer est devenue pratique courante à tous les âges. Embrassons-nous donc, mais sans trop de bruit ni d'effusions, deux fois, cela suffit. Evitez les trois bises à la bretonne, et les quatre à la picarde.

Choisissez la bonne tenue

Quand vous devez sortir, évitez les décolletés ultra-plongeants, la minijupe ou un pantalon terriblement moulant si votre silhouette ne s'y prête pas ou que l'assistance est essentiellement constituée de personnes d'un âge certain. Solution de sauvetage : la petite robe noire, passe-partout qui vous sauve la mise à tout coup. Les hommes, eux, ont le choix entre une veste croisée ou droite, mais toujours fermée. Si elle est droite, ils n'attacheront pas le dernier bouton. Ils porteront leur chemise à même la peau, sans oublier qu'une chemise à manches courtes est absolument « interdite » sous une veste ! La cravate (jamais en cuir) doit arriver à la ceinture, et l'ourlet du pantalon au niveau de la chaussure. A bannir : les chaussettes blanches, les chaussettes de sport ou trop courtes.

Femme actuelle, décembre 1998.

Présentez chacune des règles de savoir-vivre.

Testez votre savoir-vivre

Vingt-cinq questions de bonne éducation

Simple comme bonjour, la politesse ? Histoires de petits riens qui peuvent tout changer.

1. Vous rencontrez votre voisine de palier. Pour la saluer, dites-vous ?
- ☐ **A** Bonjour, madame Guinet.
- ☐ **B** Bonjour madame.

2. Dans la rue, un homme marche aux cotés d'une femme…
- ☐ **A** Du côté de la chaussée.
- ☐ **B** En restant à sa gauche, légèrement en retrait.

3. C'est l'hiver. Vous vous promenez avec quelqu'un qui rencontre un ami et entame une conversation. Quelle est votre attitude ?
- ☐ **A** Vous retirez le gant de votre main droite et tendez la main vers l'inconnu.
- ☐ **B** Vous restez en retrait et saluez l'inconnu en inclinant la tête.

4. Que dire à quelqu'un qui vient de vous être présenté(e) ?
- ☐ **A** Très heureux (se) de vous rencontrer.
- ☐ **B** Enchanté(e)

5. Un homme peut-il embrasser une femme à qui il a été présenté sans la connaître ?
- ☐ **A** Non.
- ☐ **B** Oui.

6. En descendant un escalier un homme doit :
- ☐ **A** Suivre la femme.
- ☐ **B** La précéder.

7. En entrant dans un lieu public, un restaurant par exemple, l'homme doit :
- ☐ **A** Tenir la porte et s'effacer devant la femme
- ☐ **B** Entrer le premier.

8. Invité(e) à dîner à 20 heures, vous trouvez une place plus vite que prévu. Il est 19 h 45. Que faire ?
- ☐ **A** Sonner chez vos hôtes c'est le quart d'heure de politesse.
- ☐ **B** Attendre 20 heures.

9. A quel moment souhaite-t-on « bon appétit » ?
- ☐ **A** Quand on s'assied à table.
- ☐ **B** Quand le repas commence.

10. Lorsque l'on trinque ou porte un toast, faut-il choquer les verres ?
- ☐ **A** Impossible, surtout s'ils sont en cristal.
- ☐ **B** Oui, mais délicatement.

11. A quel moment doit-on déplier sa serviette ?
- ☐ **A** A l'arrivée du premier plat.
- ☐ **B** Dès que l'on s'assied à table.

12. A table, comment placez-vous vos mains ?
- ☐ **A** De part et d'autre de l'assiette, les poignets appuyés sur le bord de la table.
- ☐ **B** Sur les genoux, entre deux plats.

13. A table, faut-il ?
- ☐ **A** Rompre le pain avec les doigts.
- ☐ **B** Couper des tranches d'épaisseur égale.

14. Lors du dîner, on sert des crevettes non décortiquées. Vous les mangez :
- ☐ **A** Avec vos couverts. Au risque d'éclabousser vos voisins.
- ☐ **B** Avec vos doigts.

15. On vous sert une salade lourdement assaisonnée. Pour la manger sans risquer d'éclabousser :
- ☐ **A** Vous coupez les feuilles en morceaux plus petits.
- ☐ **B** Vous tentez un savant pliage avec un bout de pain.

16. Quand vous avez terminé votre repas, comment posez-vous vos couverts ?
- ☐ **A** Parallèles dans l'assiette.
- ☐ **B** Croisés dans l'assiette.

17. Une femme invite un homme à un déjeuner d'affaires :
- ☐ **A** Elle se lève de table pour régler discrètement la note.
- ☐ **B** Elle se fait apporter l'addition à la fin du repas.

18. Invité(e) chez des amis, vous décidez d'offrir des fleurs à votre hôtesse. Comment procédez-vous ?
- ☐ **A** Vous vous renseignez au préalable et arrivez avec ses fleurs préférées.
- ☐ **B** Vous envoyez un bouquet le jour de l'invitation.

19. Vous êtes enrhumé(e). En public, devez-vous ?
- ☐ **A** Sortir votre mouchoir et vous moucher discrètement.
- ☐ **B** Vous retenir jusqu'à ce que vous puissiez vous isoler.

20. Quand votre supérieur hiérarchique entre dans la pièce où vous travaillez, vous êtes censé(e) :
- ☐ **A** Vous lever pour le saluer.
- ☐ **B** Hocher simplement la tête s'il ne s'adresse pas à vous.

21. Votre voisin de bureau, gêné par le rhume des foins, éternue :
- ☐ **A** Vous dites « à vos souhaits ».
- ☐ **B** Vous l'ignorez.

22. Vous écrivez au directeur. A la fin, vous le priez d'agréer :
- ☐ **A** L'asurance de votre considération.
- ☐ **B** L'expression de vos sentiments respectueux.

23. Vous écrivez à une administration sans vous adresser à une personne en particulier. Votre lettre commence par :
- ☐ **A** Messieurs.
- ☐ **B** Cher monsieur.

24. Que répondre à quelqu'un qui vous remercie ?
- ☐ **A** De rien.
- ☐ **B** Je vous en prie.

25. Peut-on écrire sur sa carte de visite ?
- ☐ **A** Oui.
- ☐ **B** Non, il faut rédiger une lettre.

Ça m'interresse, avril 2003.

Savoir-vivre

doc. 2

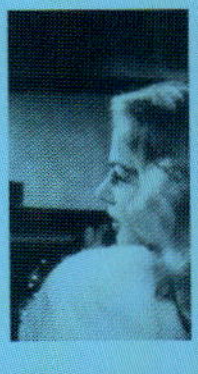

Savoir-vivre
Y a-t-il encore des hommes galants ?

Y a-t-il encore des hommes galants ?

1 Non, et je le regrette. Nous sommes victimes des femmes qui avaient 30 ans en 1968, et qui ont tellement réclamé l'égalité des droits qu'elles ont brouillé les repères hommes-femmes. Résultat : les hommes n'osent plus avoir d'égards pour nous. Ils ont peur qu'on se fiche d'eux, et nous, nous sommes malheureuses. La galanterie reviendra un jour, j'en suis sûre, car nous éduquons nos enfants dans cet esprit. Elle sera plus sincère, et témoignera d'un respect plus profond de l'autre.

Dominique Martin, rédactrice publicitaire, Paris.

2 La correction n'a pas disparu. Il suffit de regarder autour de soi. Bien sûr, certains gestes ne se font plus. Nous ne portons plus les valises sur les quais… Mais nous continuons à faire des cadeaux, à descendre l'escalier devant les femmes pour les protéger d'une chute, à leur sourire. Et pas forcément pour les séduire ou par machisme, non, juste par instinct, que nous soyons jeunes ou moins jeunes. Ce n'est pas parce que tout va plus vite que la correction a disparu. Mais les femmes doivent aussi être prêtes à accepter la galanterie.

Samuel Le Merrer, agence matrimoniale Uni Inter, Le Mans.

3 Les hommes n'osent pas car ils ont peur. Très souvent, les hommes font preuve d'une certaine rudesse de peur de passer pour des flagorneurs. De plus, dans les affaires, la galanterie et le savoir-vivre sont très présents pour ne pas dire indispensables. Or, cette courtoisie spécifique doit être naturelle. Les hommes mal à l'aise avec la galanterie répondent à un portrait-type : âgés d'environ 40 ans, après une brillante vie professionnelle, ils regardent « en arrière » et constatent qu'ils n'ont pas eu le temps de s'occuper d'eux et donc des femmes.

Élyane Lhermitte, directrice de l'institut du savoir-vivre, Paris.

Quo, août 1997

➔ **Quels sont les avis des personnes interrogées ? Duquel vous sentez-vous le plus proche ?**

doc. 3

Le savoir-vivre

Vous avez la parole...

1. Dans votre société, les bonnes manières sont-elles importantes ?

2. Quelles sont, dans votre pays, les différentes manières de se saluer ?

3. A quelle heure dîne-t-on (en France et dans votre pays) ?

4. Si vous êtes invité à 20 heures, à quelle heure arrivez-vous ? Qu'apportez-vous ?

5. Quelles sont les différentes règles à observer au restaurant (en France et dans votre pays) ?

6. Lorsque vous êtes invité à un dîner très chic (invitation formelle, par écrit), quelle tenue vestimentaire choisissez-vous ?

7. Quels sont les sujets à ne pas aborder à table ?

8. Lors d'un dîner, est-il possible de refuser un plat ? Pour quelles raisons ?

9. A quoi reconnaît-on un homme galant ?

10. Quels conseils donneriez-vous à une Française, un Français ou un étranger qui ne connaît pas votre culture, votre société ?

Savoir-vivre

doc. 4

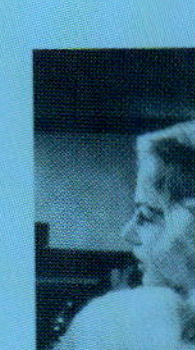

Activité

Les 10 commandements

1 - Tu ne mangeras pas avec tes doigts !

2 - Tu ne cracheras pas par terre !

3 - Tu n'oublieras pas de mettre ta main devant la bouche quand tu bâilles ou quand tu tousses !

4 - Tu ne mangeras pas la bouche ouverte !

5 - Tu ne te cureras pas les dents pendant le repas !

6 - Tu ne couperas ni ta salade, ni tes spaghetti avec un couteau !

7 - Tu ne mettras pas tes doigts dans le nez !

8 - Tu ne porteras pas ton couteau à la bouche !

9 - Tu ne sauceras pas ton assiette !

10 - Au restaurant avec une femme, tu ne détailleras pas l'addition !

➔ **Classez ces commandements par ordre décroissant : du plus au moins important pour vous et justifiez votre classement.**

doc. 5

Citations et proverbes

« "Après vous" » : cette formule de politesse devrait être la plus belle définition de notre civilisation. »
Emmanuel Lévinas

« Félicitations. Politesse de la jalousie. »
Ambrose Bierce

« Habit somptueux ne donne pas les bonnes manières. »
Proverbe anglais

« La galanterie, c'est l'art de mettre une femme en valeur. »
Anonyme

« Il n'y a que la gloire qui dispense de la politesse. »
Jules Barbey d'Aurevilly

« Plus les sentiments sont distants, plus les politesses sont nombreuses. »
Proverbe chinois

« Politesse. La plus acceptable des hypocrisies. »
Ambrose Bierce

« Servir les vieillards est un devoir, servir ses égaux est une politesse, servir les jeunes est une humiliation. »
Proverbe serbe

« La politesse fait paraître l'homme au dehors comme il devrait être intérieurement. »
Jean de La Bruyère

« La seule chose que la politesse peut nous faire perdre c'est, de temps en temps, un siège dans un autobus bondé. »
Oscar Wilde

➔ **Quelle est la citation que vous préférez ?**

Pour vous aider

Aimable
Avoir des égards pour quelqu'un
Avoir du tact
Avoir honte de quelqu'un
Bien / mal éduqué
Bien/ mal élevé
Chaleureux
Conforme aux usages
Considérer / La considération
Contraire aux usages
Convier quelqu'un à
Correct ≠ Incorrect
Courtois
Déjeuner / Le déjeuner
Dîner / Le dîner
Distingué
Éduquer / L'éducation
Embarrasser quelqu'un / L'embarras
Être attentionné
Être diplomate
Être embarrassé
Être en avance ≠ en retard
Être gêné
Être mal à l'aise
Être raffiné
Être un mufle
Être vieux jeu
Faire la bise à quelqu'un
Faire la révérence
Faire le baise-main
Faire un impair
Gêner quelqu'un / La gêne
Grossier
Inconvenant
Inculquer des règles
Insolent
Insulter / Une insulte
Inviter / Une invitation
Jurer / Un juron
L'amabilité
L'éducation
L'étiquette
L'honneur / Honorer
L'honorabilité / Honorable
L'hospitalité
L'insolence
La bienséance
La civilité
La courtoisie
La décence
La déférence
La délicatesse ≠ L'indélicatesse
La dignité / Digne
La distinction
La galanterie / Galant
La honte / honteux
La politesse ≠ L'impolitesse
La ponctualité
La respectabilité
La sociabilité / Sociable
La tradition / Traditionnel
La vulgarité / Vulgaire
Le protocole
Le tact
Les bonnes manières
Les mœurs
Les us et coutumes
Mettre quelqu'un dans l'embarras
Poli ≠ Impoli
Ponctuel
Pratiquer / La pratique
Respecter / Le respect
Respectueux
S'incliner
Saluer / Les salutations
Se comporter / Un comportement
Se conduire / Une conduite
Se tenir bien / mal
Serrer la main à quelqu'un
Un « homme du monde »
Un code
Un convive
Un égard
Un gros mot
Un hôte
Un invité
Un principe
Un usage
Une attitude
Une cérémonie
Une convenance
Une coutume
Une culture
Une façon
Une formalité
Une grossièreté
Une habitude
Une manière
Une personne « comme il faut »
Une poignée de main

Quelques expressions…

Faire une gaffe
*Jurer comme un charretier**
Mettre les pieds dans le plat

→ **Choisissez trois mots dans la liste, dites ce qu'ils vous évoquent et justifiez votre choix.**

doc. 7

Le bonheur

Le bonheur

Nos grands-parents étaient-ils plus heureux ?

Nos grands-parents étaient-ils plus heureux ?

1 Leur vie était beaucoup plus dure. Je ne sais pas si tous étaient heureux, mais par rapport aux miens, je suis plus heureux . Je n'ai pas fait la guerre. Mes grands-parents, eux, n'y ont pas coupé. Je suis célibataire, j'occupe un appartement confortable, j'ai une voiture, un travail correctement payé avec parking, prime, Sécurité sociale. Mes grands-parents, eux, faisaient de longues heures de marche à pied pour aller travailler dans une usine-bagne. Quant aux enfants, ils les assumaient seuls, sans Sécu, ni allocations familiales.

Christophe Poinson, Vergongheon(43).

2 Le bonheur est une affaire personnelle. Je pense qu'être heureux est un état d'esprit qui a peu de rapport avec les conditions matérielles dont dispose un individu. Bien sûr, l'espérance de vie, plus grande aujourd'hui, et les nombreux loisirs à notre disposition pourraient faire croire que l'on a plus pour être heureux. D'un autre côté, le stress, la crise et le chômage pourraient faire penser le contraire. Je crois que le bonheur est une affaire personnelle et que l'environnement ne suffit pas.

Jean-Louis Bernou, Fresnes (94).

3 Ils étaient plus heureux. La société hypermatérialiste dans laquelle nous vivons s'évertue à créer de nouveaux besoins superflus qui provoquent l'envie. De l'impossibilité à satisfaire celle-ci naît le sentiment de se sentir plus ou moins malheureux. Nos grands-parents, qui n'étaient pas sollicités comme nous le sommes, se contentaient du nécessaire, savaient patienter pour s'offrir le « superflu » et étaient à mon sens plus heureux. Notre société a fait de nombre d'entre nous des « drogués de la consommation » ou des « stressés de la vitesse ».

Philippe Daussin, Bucy-le-Long (02).

Quo, août 1997.

→ **Présentez chacun des témoignages.**
Partagez-vous l'avis des personnes interrogées ?

doc. 1

Le bonheur

→ **Vous avez la parole…**

1. Quelle est votre définition du bonheur ?

2. Le bonheur ne dure-t-il qu'un moment ou peut-il durer toute la vie ?

3. Notre bonheur dépend-il des gens qui nous entourent ?

4. La notion de bonheur dépend-elle de la nationalité ? De l'éducation ? De la classe sociale ? De l'époque ?

5. Faut-il connaître le malheur pour apprécier le bonheur ?

6. Que faites-vous lorsque vous êtes malheureux ? (Sortir ? Rester enfermé dans la maison ? Voir vos amis ? Acheter quelque chose ?)

7. Êtes-vous plutôt optimiste ou pessimiste ? Voudriez-vous changer ?

8. Quel est pour vous le plus grand bonheur de la vie ?

9. Quels sont vos souvenirs les plus heureux ?

10. L'amour, le travail, l'argent sont-ils des conditions nécessaires au bonheur ?

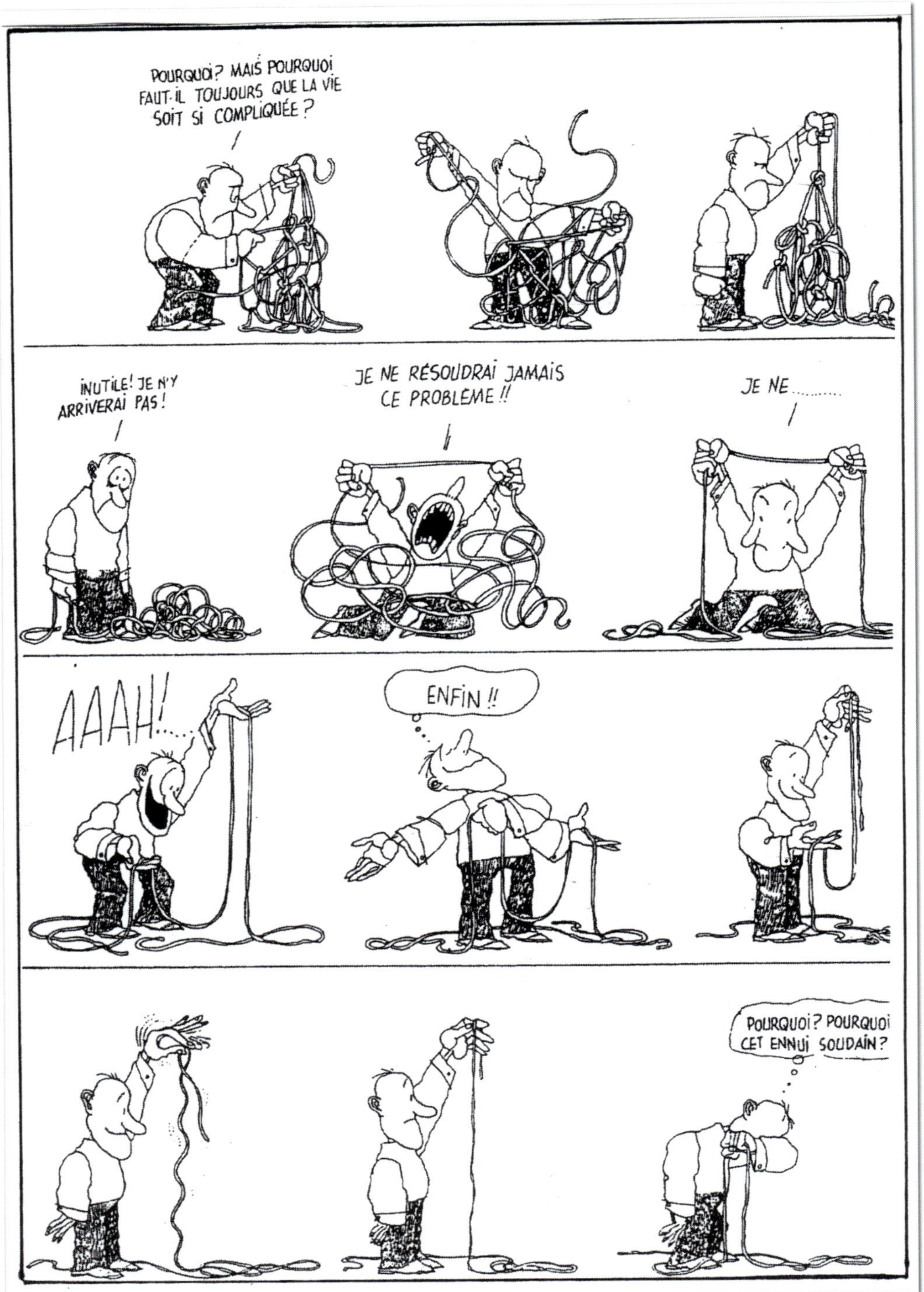

«Bien chez soi» - Quino © Éditions Glénat

→ **Que représente ce document? Quelles idées vous inspire-t-il?**

doc. 3

Les petits bonheurs de la vie

1- Tomber amoureux
2- Rire jusqu'à en avoir mal au ventre
3- Trouver un tas de courrier quand on rentre de vacances.
4- Conduire dans un endroit où les paysages sont magnifiques.
5- Écouter sa chanson favorite à la radio.
6- Se coucher dans son lit en écoutant tomber la pluie.
7- Sortir de la douche et s'envelopper dans une serviette toute chaude.
8- Réussir son dernier examen.
9- Prendre part à une conversation intéressante.
10- Retrouver de l'argent dans un pantalon non utilisé depuis longtemps.
11- Rire de soi-même.
12- Prendre un bon repas entre amis.
13- Rire sans raison particulière.
14- Entendre accidentellement quelqu'un dire quelque chose de bien sur soi.
15- Se réveiller en pleine nuit en se rendant compte que l'on peut encore dormir quelques heures.
16- Observer un coucher de soleil.
17- Écouter la chanson qui rappelle cette personne spéciale dans sa vie.
18- Recevoir et donner le premier baiser.
19- Sentir des picotements dans le ventre quand on voit cette personne si spéciale.
20- Passer un bon moment avec ses amis.
21- Voir heureux les gens qu'on aime.
22- Porter le gilet de la personne aimée et sentir encore son parfum.
23- Rendre visite à un vieil ami et se rendre compte que les choses n'ont pas changé entre nous.
24- Entendre que l'on nous aime.

➔ **Lesquels de vos « petits bonheurs personnels » se trouvent dans cette liste ?**

Bonheur
doc. 4

Citations et proverbes

« Le bonheur des uns fait le malheur des autres. »
PROVERBE FRANÇAIS

« Le bonheur est à votre foyer, ne le cherchez pas dans le jardin des étrangers. »
D. W. JERROLD

« Le secret du bonheur crève les yeux. C'est pourquoi nul n'ose le regarder en face : il faut aimer quelqu'un. »
J. DE BOURBON BUSSET

« Les gens ne connaissent pas leur bonheur, mais celui des autres ne leur échappe jamais. »
P. DANINOS

« Être bête, égoïste et avoir une bonne santé, voilà les trois conditions voulues pour être heureux ; mais si la première vous manque, tout est perdu. »
FLAUBERT

« Pour vivre heureux, vivons caché. »
FLORIAN

« L'amour ne fait pas le bonheur. »
E. LABICHE

« Le bonheur a toujours été une injustice. »
J. ROMAINS

« Heureux au jeu, malheureux en amour. »
PROVERBE FRANÇAIS

« Le bonheur n'est peut-être que le résultat d'une comparaison. »
E. BEAUMONT

→ **Quelle est la citation que vous préférez ?**

doc. 5

Pour vous aider

Bonheur

Avoir le moral
Béat
Chanceux
Content
Délicieux
Éclater de rire
Enivré
Épanoui
Épicurien
Être à l'aise
Être bienheureux
Être comblé
Être favorisé
Être fou de joie
Être optimiste
Être privilégié
Être radieux
Être satisfait
Euphorique
Exalté
Heureux
Jouir de quelque chose / La jouissance
L'amour
L'enivrement
L'épicurisme
L'espoir
L'euphorie
L'exaltation
L'ivresse
L'optimisme
La béatitude
La chance
La joie / Joyeux
La satisfaction / satisfait
La sérénité
Le bien-être
Le bonheur
Le contentement
Le plaisir
Le ravissement
Profiter de quelque chose
Ravi
Réussir / La réussite
Rire / Le rire
S'épanouir
Sauter de joie
Prendre du bon temps
Se sentir bien
serein
Un délice
Un éclat de rire
Un fou-rire
Un heureux hasard
Un succès

Malheur

Affliger
Consoler
Déçu / La déception / Décevoir
Désenchanter / Un désenchantement
Être accablé
Être aigri
Être amer
Être bouleversé
Être déprimé
Être désemparé
Être désolé
Être triste

L'adversité
L'infortune
L'insatisfaction
La désillusion
La désolation
La fatalité
La peine
La tristesse
Le chagrin
Le désappointement
Le désarroi
Le désespoir
Le malheur
Le mécontentement
Malchanceux
Malheureux
Mécontent
Pleurer / Des pleurs
Réconforter quelqu'un
Regretter / Le regret
Sangloter / Un sanglot
Se lamenter
Un drame / Dramatique
Un échec / Échouer
Un mauvais moment
Un souci
Un tracas / Se tracasser
Une difficulté
Une mésaventure
Une tragédie / Tragique
Verser une larme

Quelques expressions…

Avoir des idées noires
Avoir la main heureuse
*Avoir le bourdon**
*Avoir le cafard**
Broyer du noir
Être au septième ciel
Être aux anges
Être comme un coq en pâte
Être gai comme un pinson
Être heureux comme un poisson dans l'eau
Être malheureux comme les pierres
Être né sous une bonne étoile

→ **Choisissez trois mots dans la liste, dites ce qu'ils vous évoquent et justifiez votre choix.**

Les animaux

Animaux Par le Dr Jean Cuvelier, vétérinaire

Bonheur, réconfort, santé…

Quand les animaux nous font du bien

Chiens, chats, oiseaux, poissons… partagent la vie de millions de familles. Plus que de simples compagnons, ces animaux nous apportent beaucoup et améliorent notre quotidien.

■ **Ils participent à l'éveil de l'enfant :** dès l'âge de 6 mois, l'enfant est sensible à la présence d'un animal. Il admire la beauté de sa fourrure, son plumage, ses écailles… Il s'émerveille de ses acrobaties. Il écoute aboiements, miaulements, chants… Des stimulations qui favorisent le développement de ses sens.

■ **Ils nous écoutent :** Rien de tel que la parole pour évacuer nos contrariétés. Toujours disponible, l'animal nous offre cette écoute qui manque si souvent à nos contemporains. Et même s'il ne comprend pas les mots, il sait lire dans notre regard, nos gestes et nos mimiques.

■ **Ils nous sécurisent :** l'animal rassure par sa présence. Nos enfants se sentent moins seuls après l'école, et les personnes âgées moins isolées.

■ **Ils nous stabilisent :** face aux aléas de la vie, l'animal est un socle sans faille. Fidèle jusqu'à sa mort, il nous aide à affronter les épreuves.

■ **Ils favorisent la communication :** l'animal attire instantanément les regards et est une source inépuisable de sujets de conversation. Les clubs d'amateurs de chiens, de chats, d'aquariophilie rassemblent des milliers de personnes.

■ **Ils soignent :** l'animal est un merveilleux antistress. Le simple fait de le caresser, le regarder, lui parler, jouer avec lui, réduit notre tension artérielle. Des études prouvent qu'il augmente l'espérance de vie des personnes cardiaques. Conscients de ses effets bénéfiques, de plus en plus d'hôpitaux lui ouvrent leurs portes.

■ **Ils valorisent :** l'animal est dépendant de nous. Il faut le nourrir, lui changer sa litière, le promener… Ces activités permettent à l'enfant d'accéder à ses premières responsabilités et à la personne seule de maintenir une activité régulière et de se sentir utile.

■ **Ils sont désintéressés :** l'animal nous manifeste de l'attachement quels que soient notre âge, notre physique ou notre statut social. Cet amour sans condition nous procure la sécurité affective dont nous avons tous besoin. ●

Télestar, 5 mai 2003.

➔ **D'après cet article, pourquoi certaines personnes ont-elles besoin d'un animal ?**

doc. 1

Roba

→ **Que représente ce document ?**
Quelles idées vous inspire-t-il ?

Animaux
doc. 2

Animaux
Les animaux et nous

→ **Vous avez la parole…**

1. Quel est votre animal préféré ? Pourquoi ?

2. Pourquoi les citadins ressentent-ils le besoin d'avoir un animal de compagnie ?

3. Comment résoudre le problème des chiens en ville ?

4. Les animaux communiquent-ils, ont-ils un langage, éprouvent-ils des sentiments, sont-ils intelligents ?

5. Dans les rapports humains, peut-on parler de la « loi de la jungle » ? Y a-t-il des similitudes entre le comportement humain et celui des animaux ?

6. Aimez-vous assister à des courses de taureaux (ou corridas), aller au cirque, au zoo ?

7. Que pensez-vous de la société protectrice des animaux (S.P.A.) ? De l'expérimentation sur les animaux pour des produits cosmétiques ou des médicaments ?

8. S'il était possible de se réincarner en animal, lequel choisiriez-vous ? Pourquoi ?

9. Que pensez-vous des animaux virtuels ? (Tamagoshis, chiens-robots, etc.)

10. « Qui n'aime pas les animaux, ne peut pas aimer les humains » : êtes-vous d'accord avec cette affirmation ?

Citations

« Les animaux ont été créés par Dieu pour donner aux hommes une impression de supériorité. »
PHILIPPE BOUVARD

« On dirait que le singe n'a été fait que pour humilier l'homme et lui rappeler qu'entre lui et les animaux, il n'y a que des nuances. »
J.B. SAY

« Les animaux sont des amis tellement agréables - ils ne posent jamais de questions, ils ne font aucune critique. »
G. ELIOT

«Si l'homme civilisé devait tuer lui-même les animaux qu'il mange, le nombre de végétariens augmenterait de façon astronomique. »
C. MORGENSEN

« La cruauté envers les animaux peut devenir violence envers les hommes. »
A. MCGRAW

« Un homme cruel avec les animaux ne peut être un homme bon. »
GANDHI

« Les animaux ont des droits : le droit d'être protégés par l'homme, le droit à la vie et à la multiplication de l'espèce, le droit à la liberté et le droit de n'avoir aucune dette envers l'homme. »
LUTHER STANDING BEAR

« Zoo : un endroit conçu pour que les animaux puissent étudier les mœurs humaines. »
ANONYME

« On peut juger de la grandeur d'une nation par la façon dont les animaux y sont traités. »
GANDHI

« De tous les animaux qui s'élèvent dans l'air,
Qui marchent sur la terre, ou nagent dans la mer,
De Paris au Pérou, du Japon jusqu'à Rome,
Le plus sot animal, à mon avis, c'est l'homme. »
N. BOILEAU

→ **Quelle est la citation que vous préférez ?**

Pour vous aider

Aboyer / Un aboiement
Apprivoiser
Aquatique
Attraper
Caresser / Une caresse
Carnassier
Carnivore
Chasser/La chasse
Cruel
Domestiquer
Dompter / Un dompteur
Dresser / Le dressage
Élever / L'élevage
Empailler
En liberté
Être enfermé
Féroce
Frugivore
Grogner
Herbivore
L'expérimentation animale
L'histoire naturelle
L'ornithologie / Un ornithologue
La chair
La chasse à cour
La cruauté
La faune
La fourrure
La gueule
La longévité
La souffrance
La SPA (société protectrice des animaux)
La vivisection
La zoologie
Le bétail
La tauromachie
La taxidermie / Un taxidermiste
Le comportement
Le milieu naturel
Le museau
Le poil
Le règne animal
Le territoire
Les déjections canines
Marquer son territoire
Miauler / Un miaulement
Mordre
Muer / La mue
Nourrir
Observer / L'observation
Pêcher / La pêche
Piéger / Un piège
Pondre / La ponte
Prendre soin de
Ronronner
S'occuper de
Se reproduire / La reproduction
Sélectionner / Une sélection
Tenir en laisse
Torturer / La torture
Un abattoir
Un animal de compagnie
Un animal domestique ≠ sauvage
Un animal en voie de disparition
Un bec
Un chasseur
Un combat
Un cri
Un crustacé
Un éleveur
Un félin
Un gibier
Un insecte
Un jardin zoologique
Un maître
Un mâle / Une femelle
Un mammifère
Un mollusque
Un nid
Un numéro de cirque
Un œuf
Un parc naturel
Un pêcheur
Un poisson
Un prédateur

Un rapace
Un reptile
Un ruminant
Un terrier
Un toiletteur
Un torero
Un troupeau
Un vétérinaire
Un volatile
Une aile
Une bête
Une cage
Une carapace
Une compétition canine
Une corrida
Une course
Une défense (d'éléphant)
Une écurie
Une espèce
Une étable
Une ferme
Une griffe
Une laisse
Une muselière
Une niche
Une nuisance
Une patte
Une plume
Une proie
Une race de chien
Une serre
Une volaille
Une volière
Venimeux
Vorace

Quelques animaux…

Un aigle
Un âne
Un bison
Un bœuf
Un bouc / Une chèvre / Un chevreau
Un cafard
Un canard
Un cerf / Une biche / Un faon
Un chameau
Un chat / Une chatte / Un chaton
Un cheval / Une jument / Un poulain
Un chevreuil
Un chien / Une chienne / Un chiot
Un cochon
Un coq / Une poule / Un poussin
Un corbeau
Un crapaud
Un crocodile
Un dauphin
Un dromadaire
Un écureuil
Un éléphant
Un escargot
Un faucon
Un furet
Un guépard
Un hérisson
Un hibou
Un lapin / Une lapine / Un lapereau
Un léopard
Un lézard
Un lièvre
Un lion / Une lionne / Un lionceau
Un loup / Une louve / Un louveteau
Un moustique
Un mouton / Une brebis / Un agneau
Un ours / Une ourse / Un ourson
Un papillon
Un perroquet
Un pigeon
Un poulet
Un rat
Un renard
Un requin
Un sanglier
Un scarabée

Un serpent
Un singe / Une guenon
Un taureau / Une vache / Un veau
Un tigre
Un ver
Un zèbre
Une abeille
Une baleine
Une belette
Une chenille
Une chouette
Une colombe
Une dinde
Une fourmi
Une gazelle
Une girafe
Une grenouille
Une guêpe
Une marmotte
Une mouche
Une mule
Une oie
Une souris
Une taupe
Une tortue

Quelques expressions…

*Avoir du chien**
*Avoir mangé du lion**
Avoir un appétit d'oiseau
Avoir un caractère de cochon
Avoir un chat dans la gorge
Avoir une faim de loup
Avoir une fièvre de cheval
Avoir une mémoire d'éléphant
Chanter comme un rossignol
Courir comme une gazelle
Être bavard comme une pie
Être comme un poisson dans l'eau
Être doux comme un agneau
Être frisé comme un mouton
Être jaloux comme un tigre
Être le dindon de la farce
Être malade comme un chien
Être muet comme une carpe
Être myope comme une taupe
Être rusé comme un renard
Être têtu comme une mule
Être un ours
Être un pigeon
Être une langue de vipère
*Être vache**
Il fait un temps à ne pas mettre un chien dehors
*Manger comme un porc**
Reprendre du poil de la bête
S'entendre comme chien et chat
*Un chaud lapin**
Un froid de canard
Un travail de fourmi
Une taille de guêpe
Une vie de chien
Verser des larmes de crocodile

➔ **Choisissez trois mots dans la liste, dites ce qu'ils vous évoquent et justifiez votre choix.**

L'art

Les professions créatives et artistiques

LE FIGARO – Peut-on parler globalement des métiers de la création?

Henri-Claude COUSSEAU - Excepté la musique ou la danse, les arts, tels qu'on les entend, ce sont d'abord les « arts appliqués ». Ils nécessitent une formation très technique et aboutissent à des métiers précis, comme designer ou décorateur. Les «arts plastiques», quant à eux, tels qu'ils sont enseignés aux Beaux-arts, sont de la création pure. Leur finalité est désintéressée. C'est un enjeu de création.

Y a-t-il eu des changements dans l'enseignement artistique en France ces dernières années?

Les artistes contemporains utilisent tantôt la peinture ou la sculpture, tantôt le son, la vidéo ou la photographie. Aujourd'hui, l'écran informatique sert à dessiner et à créer de nouvelles images. Les écoles sont contraintes d'enseigner toutes ces techniques et c'est la principale évolution contemporaine depuis trente ans. Les jeunes artistes sont d'ailleurs nombreux à aimer ces allées et venues d'une technique à l'autre.

Les associations de jeunes diplômés qui se constituent en collectif pour faire connaître leurs travaux sont également tout à fait nouvelles. Ce sentiment de travailler à plusieurs est actuellement très dynamique. Autrefois, l'artiste était beaucoup plus installé dans son individualité, son indépendance, dans sa singularité. Aujourd'hui, il n'est pas rare de voir des couples d'artistes, des amis, des artistes qui s'associent, parfois temporairement, pour créer des œuvres collectives.

Peut-on devenir artiste?

Une école d'art n'est pas une école de génie ou d'artiste. C'est un lieu où on trouve les conditions, si on a quelque chose à dire, pour l'exprimer le mieux possible et le faire partager. La condition d'artiste au sens psychologique, interne, intellectuel n'est pas une chose que l'on décide. C'est un état personnel.

Les métiers ont-ils également évolué?
Y a-t-il plus de débouchés?

La souplesse avec laquelle les jeunes réagissent aujourd'hui est très frappante. Un tiers des effectifs qui sortent des Beaux-arts, par exemple, poursuivent dans le domaine proprement artistique de la création. Certains étudiants deviennent assistants dans des musées, des galeries ou des centres d'art. D'autres se tournent vers la scène ou le théâtre. L'informatique donne des possibilités énormes, notamment dans le graphisme... Les étudiants des écoles d'art, et surtout d'arts appliqués ne sont pas démunis, comme on le croit. Cette formation ne mène pas à rien, au contraire. Nous ne sommes pas isolés dans une sorte «d'artisticité» rêveuse ou romantique. Les artistes d'aujourd'hui ont les pieds dans le réel.

Henri-Claude Cousseau est conservateur général du Patrimoine, spécialiste de l'art contemporain, il a dirigé de nombreux musées. Il est directeur de l'École nationale supérieure des beaux-arts de Paris depuis septembre 2000.

Le Figaro, 12 mars 2003

→ **Comment la profession d'artiste est-elle présentée dans ce texte ?**

doc. 1

La Joconde

«La Joconde» dans tous ses états

La Joconde, portrait de Mona Lisa, 1503 - 1505. Léonard de Vinci - Louvre

Depuis le XVIe siècle, elle avait envoûté les artistes et le public. Au XXe siècle, « la Joconde » allait être l'objet de moqueries, de farces, de caricatures.

[...] En 1930, avec « la Joconde aux clés », Fernand Léger en fait un sujet parmi d'autres, guère plus séduisant qu'un vulgaire trousseau de clés [...] tandis que la presse sportive la fait jouer au football. En 1920, Marcel Duchamp invente une Joconde moustachue, [...]. En 1981, Cadiou la fait surgir, telle une girl de music-hall, d'un écran déchiré. Combaz lui donne un look fashionnista et Gainsbourg lui prête la tête de Jane Birkin.

Le Figaro magazine, fév. 2003.

IL MONDIALE
ITALIA '90
OMAGGIO DELLE FERROVIE ITALIANE
EDIZIONI LANCIO

doc. 2 suite

➔ **Quelle est votre version préférée ? Pourquoi ?**

Art

Damien Hirst, artiste provocateur ?

Damien Hirst, *Away from the flock* (Loin du troupeau), 1994.

LONDRES (Reuters) – Damien Hirst, un artiste britannique qui s'est fait connaître notamment en conservant des animaux morts dans du formol, a peint une œuvre destinée à s'envoler vers Mars à bord du vaisseau spatial Beagle 2.
« (La peinture) devait être aussi légère que possible, donc je n'y ai accroché aucune vache morte », a expliqué l'artiste britannique au Daily Telegraph après avoir dévoilé sa peinture à la White Cube Gallery de Londres.
L'une des œuvres les plus connues de Hirst est en effet composée d'une vache et du fœtus mort de son veau conservés dans une cuve de verre et d'acier remplie de formol.

news.yahoo.com

C'est alors qu'en feuilletant un magazine, j'ai découvert, dans un article concernant les records des ventes aux enchères, une vitrine remplie de bocaux contenant des abats de bœuf réalisée par Damien Hirst. La façon dont cet artiste mettait à nu la réalité, brute, franche, dénuée de sensiblerie, ne pouvait que m'interpeller. Enthousiasmé par cette image, j'ai commencé à m'intéresser à son travail. […] Je suis allé voir l'exposition « Sensation » à Berlin. Ce fut une impression formidable de passer entre les entrailles d'une vache, de voir avec une telle facilité toute cette « biologie » présentée comme un simple revers de la peau. J'avais le sentiment qu'était tombée une partie de l'invisibilité du corps. La frontière entre l'interne et l'externe n'avait plus vraiment de sens.

Steven Guermeur

→ **Et vous, que pensez-vous des œuvres de Damien Hirst ?**

doc. 3

L'art

→ **Vous avez la parole…**

1. Quelle est votre définition de l'art ?

2. Qu'est-ce que « le beau » ? Quels sont vos critères ?

3. Une œuvre d'art doit-elle provoquer un choc, une émotion, l'admiration, une interrogation, une surprise ?

4. Est-il préférable de détester une œuvre ou d'y être indifférent ?

5. Avez-vous déjà participé à des activités artistiques (cours de peinture, sculpture, gravure, etc.) ? Dans quel but ?

6. La formation artistique qu'on propose à l'école vous paraît-elle suffisante ? Pourquoi ?

7. Que pensez-vous des reproductions de tableaux ? Aimeriez-vous en avoir ? Le peintre (le copiste) est-il un artiste ?

8. Allez-vous souvent visiter des musées, voir des expositions ? Quelles sont les expositions qui vous ont le plus marqué ?

9. Que pensez-vous des sculptures en beurre, en sable, en glace ? Est-ce de l'art ?

10. En 1957, Yves Klein avait fait une exposition intitulée Le Vide. La salle d'exposition, toute blanche, était complètement vide. Seriez-vous allé à cette exposition ? Comment auriez-vous réagi ? Y seriez-vous resté ? Qu'en auriez-vous pensé ?

Art

doc. 4

Citations

« Le vrai but de l'art n'est pas de créer de beaux objets : c'est une véritable méthode de réflexion, un moyen d'appréhender l'univers et d'y trouver sa place. »
PAUL AUSTER

« L'art est la recherche de l'inutile. »
G. FLAUBERT

« Le sujet d'une œuvre d'art importe peu. »
O. WILDE

« L'art est le plus beau des mensonges. »
C. DEBUSSY

« On peut écrire et peindre n'importe quoi puisqu'il y aura toujours des gens pour le comprendre. »
PICASSO

« L'Art est fait pour troubler, la Science rassure. »
G. BRAQUE

« Au moment où l'artiste pense à l'argent, il perd le sentiment du beau. »
D. DIDEROT

« L'art est une façon très simple de dire des choses compliquées. »
JEAN COCTEAU

« Une œuvre d'art n'est lisible que par approfondissements successifs. »
NIETZSCHE

« Seuls les fous considèrent que l'art est supérieur à la nature. »
GAO XINGJIANG

→ **Quelle est la citation que vous préférez ?**

doc. 5

Pour vous aider

Abstrait
Admirer / L'admiration
Aimer ≠ Détester
Analyser / Une analyse
Apprécier / Une appréciation
Avoir du talent
Avoir un don pour
Clair-obscur
Coller / Un collage
Copier / Une copie
Créer / Une création
Critiquer / Une critique
Décrire / Une description
Des connaissances
Dessiner / Un dessin
Encadrer / Un cadre
Être admiratif
Être amateur de
Être choqué
Être connu
Être doué en / pour
Être inspiré / L'inspiration
Être passionné par
Être reconnu
Exposer / Une exposition
Figuratif
Graver / Une gravure
Inaugurer / Une inauguration
Interpréter / Une interprétation
Juger / Un jugement esthétique
L'authenticité
L'encre
L'esthétisme
L'histoire de l'art
La beauté / Beau
La célébrité / Célèbre
La laideur / Laid
La manière
La technique
Le beau
Le bronze
Le marbre
Le talent
Observer / L'observation
Pâle
Peindre / Une peinture
Photographier / La photographie
Poser pour quelqu'un / Une pose
Présenter / Une présentation
Provoquer / Une provocation
Réaliste
Recevoir un prix
Représenter / Une représentation
Reproduire / Une reproduction
Ressembler à
Restaurer / La restauration
Sculpter / Une sculpture
Sombre
Talentueux
Un maître
Un amateur
Un artiste / Artistique
Un atelier
Un carré
Un chef-d'œuvre
Un chevalet
Un concours
Un crayon
Un critère
Un critique d'art
Un croquis
Un dessin de nu (un nu)
Un détail du tableau
Un élève
Un fusain

Un livre d'art
Un losange
Un mécène
Un modèle
Un monument
Un mouvement artistique
Un musée
Un ovale
Un papier à dessin
Un pastel
Un paysage
Un peintre
Un photographe
Un pinceau
Un portrait
Un provocateur
Un rectangle
Un rond
Un savoir-faire
Un scandale
Un sculpteur
Un sens
Un tableau
Un tube de peinture
Un vernissage
Une affiche
Une aquarelle
Une collection / Un collectionneur
Une couleur vive
Une couleur/coloré
Une eau-forte
Une ébauche
Une époque
Une esquisse
Une estampe
Une forme
Une fresque
Une galerie
Une gouache
Une ligne
Une lithographie
Une matière
Une muse
Une nature morte
Une notion
Une nuance
Une œuvre d'art
Une ombre
Une palette
Une peinture à l'huile
Une perspective
Une revue d'art
Une signature
Une signification
Une statue / Une statuette
Une teinte
Une toile
Une vocation

Quelques expressions…

En faire voir de toutes les couleurs
*S'emmêler les pinceaux**
*Ne pas pouvoir encadrer quelqu'un**
*Se faire tirer le portrait**

➔ **Choisissez trois mots dans la liste, dites ce qu'ils vous évoquent et justifiez votre choix.**

Le progrès

L'an 2000

Retour vers le passé

En recherchant dans la mémoire de l'ordinateur central, XO Blup 724 a trouvé un dossier nommé « Rapport sur la vie sur Terre en l'an 2000 ». Curieux de connaître la vie de ses ancêtres, il a ouvert et a activé l'option « lecture ».

« En l'an 2000, les Terriens étaient encore un peuple primitif : ils mangeaient des produits qui venaient de la terre et même des animaux qu'ils élevaient pour les tuer. Ils vivaient moins de cent ans et leur taux de mortalité était très élevé pour différentes raisons : ils étaient victimes de pannes qu'ils appelaient maladies (les techniciens qu'ils nommaient médecins, ne savaient les réparer qu'avec des potions étranges ou même en leur ouvrant le corps) ou de catastrophes naturelles qu'ils ne savaient ni prévoir ni contrôler. Comme il y avait plusieurs états, souvent en désaccord, ils mourraient aussi lors des guerres qu'ils se livraient entre eux.
A cette époque-là, les Terriens ne pouvaient choisir aucune des caractéristiques physiques ou mentales de leur descendance. Les femelles portaient les petits dans leur ventre pendant 9 mois et les mâles n'intervenaient que pour la procréation.
Ils utilisaient différentes langues mortes et avaient des problèmes de communication lors de leurs voyages dans les différents pays (il existait même des professeurs de langues, des traducteurs et des interprètes).
Les Terriens étaient payés pour travailler et se rendaient à leur travail dans un véhicule qu'ils conduisaient eux-mêmes.
Pour se distraire, ils regardaient la télévision (mais ils étaient encore extérieurs au programme car la plupart des gens ne vivaient que dans le réel et ne connaissaient pas la réalité virtuelle) ou allaient au cinéma pour voir jouer des acteurs en chair et en os. La plupart des gens étaient mécontents de leur vie et devaient, pour modifier leur humeur, avoir recours à des substances dangereuses à l'époque (alcool, tabac, drogues…). Leurs performances sportives étaient ridicules puisque le dopage était interdit.
Comme ils n'utilisaient qu'un centième des capacités de leur cerveau, seuls quelques spécimens, plus avancés, croyaient à l'astrologie, à la télépathie et à la lévitation. Les voyages dans l'espace étaient exceptionnels et extrêmement lents.
Malgré ses retards technologiques et physiques évidents, ce peuple était d'une telle arrogance qu'il pensait être la seule forme de vie dans l'univers. »

Après la lecture de ce rapport, XO Blup 724 a pensé qu'il avait bien de la chance de vivre en 2880.

➔ **D'après les informations contenues dans cet article, imaginez la vie future.**

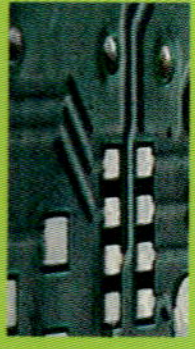

doc. 1

Quino

→ **Que représente ce document ? Quelles idées vous inspire-t-il ?**

Progrès
doc. 2

L'an 2000

Le quotidien en l'an 2000 vu par nos aïeux

l'habitat

le café

le transport

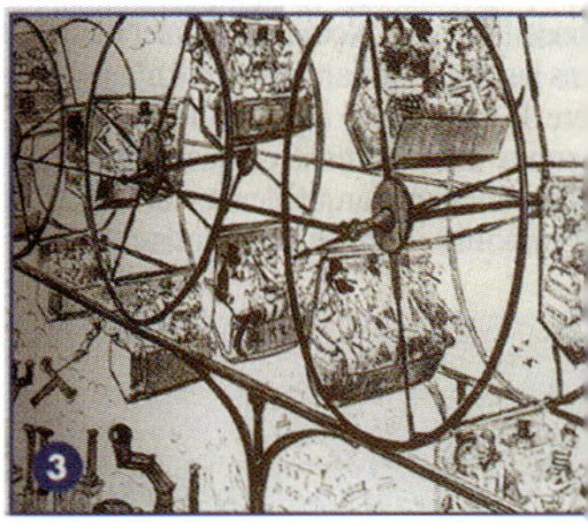

le travail

le téléphone

l'école

la télévision

le repas

la détente

→ **Quelle illustration correspond le mieux à ce que nous connaissons aujourd'hui ? Quelle est celle qui s'en éloigne le plus ?**

doc. 3

1. L'habitat

J'habite une maison tournante au centre de la capitale.
« La tour Eiffel au XXIe siècle » (A. Moreau)

2. Le café

Chaque matin, je vais prendre mon café au bistrot du coin.
« La station centrale des aéronefs à Notre-Dame » (A. Robida)

3. Le transport

Je prends le métro aérien qui vient d'être inauguré par le Président du monde.
« Métro aérien » (A. Robida)

4. Le travail :

Je dicte mon courrier à une machine qui le retranscrit sur papier.
« Nouvelle façon de dicter son courrier » (chromo Vieillemard)

5. Le téléphone

Je reçois un appel interne par le téléphote et je vois l'image de mon interlocuteur.
« Le téléphote ou télétroscope » (H. Lanos)

6. L'école

Nos enfants, munis d'écouteurs, reçoivent un enseignement intensif.
« Enseignement intensif » (chromo Vieillemard)

7. La télévision

Un écran relié à la radio nous retransmet en images les nouvelles du monde.
« Le journal téléphonoscopique » (A. Robida)

8. Le repas

Une domestique prépare le menu pour chacun d'entre nous ou le restaurant nous livre notre commande grâce à un réseau de tuyaux.
« L'arrivée du repas chez un abonné de la Cie » (A. Robida)

9. La détente

Puisque nous avons désormais deux jours de repos par semaine, nous allons souvent à l'opéra en taxi aérien.
« Sortie de l'opéra » (A. Robida)

Le progrès

Vous avez la parole…

1. Donnez une définition du progrès.

2. Le progrès est-il garant du bonheur ? Justifiez votre réponse.

3. Quels sont les trois objets de la vie quotidienne qui, à votre avis, représentent un progrès pour l'être humain ?

4. Le progrès n'a-t-il que des effets positifs ? Donnez des exemples.

5. Est-il vrai que seule l'élite mondiale a accès au progrès ? Pourquoi ?

6. Dans quels domaines le progrès facilite-t-il votre vie quotidienne ?

7. Quels sont les progrès que vous aimeriez voir dans votre maison ?

8. Le progrès est-il contre nature ? Justifiez votre réponse.

9. Les progrès entraînent-ils toujours la disparition d'autres objets ? Citez des exemples. Qu'en pensez-vous ?

10. Faut-il, dans certains cas, mettre un frein au progrès ? Dans quels domaines ?

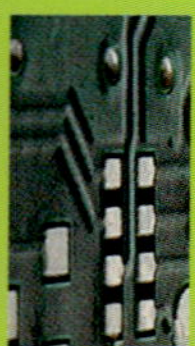

doc. 4

Je pourrais vivre sans…

« Bien chez soi » – Quino.

Parmi les progrès suivants, choisissez-en cinq dont vous devrez vous passer jusqu'à la fin de votre vie. Justifiez votre choix.

- **L'eau chaude**
- **Un lave-linge**
- **Un frigidaire**
- **Une chaîne hi-fi**
- **Un téléphone (fixe et portable)**
- **Une télévision**
- **Les antibiotiques**
- **La carte bancaire**
- **Un ordinateur**
- **Une cuisinière et un four**
- **Le chauffage**
- **Un aspirateur**
- **Une voiture**
- **Un ascenseur**

Citations

« Détruisez : c'est ainsi que tout fait des progrès. »
JOSEPH BERCHOUX

« Les vrais hommes de progrès sont ceux qui ont pour point de départ un respect profond du passé. »
JOSEPH ERNEST RENAN

« Le progrès consiste à détruire, grâce à des inventions de génie, ce que le génie de l'homme a créé. »
ANONYME

« Après tout, la civilisation a pour but, non pas le progrès de la science et des machines, mais celui de l'homme. »
ALEXIS CARREL

« Le progrès est l'injustice que chaque génération montante commet à l'égard de celle qui l'a précédée. »
EMIL MICHEL CIORAN

« Le progrès rapetisse la terre et grandit l'homme. »
VICTOR HUGO

« Le progrès technologique n'abolit pas les obstacles ; il en change simplement la nature. »
ALDOUS HUXLEY

« Tous les progrès sont précaires et la solution d'un problème nous confronte à un autre problème. »
MARTIN LUTHER KING

« L'homme raisonnable s'adapte au monde ; l'homme déraisonnable s'obstine à essayer d'adapter le monde à lui-même. Tout progrès dépend donc de l'homme déraisonnable. »
GEORGE BERNARD SHAW

« La tradition et le progrès sont deux grands ennemis du genre humain. »
PAUL VALÉRY

→ **Quelle est la citation que vous préférez ?**

doc. 6

Objets : ces chers disparus

Ils étaient indispensables et on les croyait immortels. Mais, vaincus par le progrès, ils n'ont pas résisté au temps. Retour sur ces objets familiers tombés dans l'oubli.

Au revoir...

- Le télex a été terrassé par le fax !
- Le pin's est tombé dans l'oubli !
- Le téléphone à cadran a été remplacé par le téléphone à touches !
- Le moulin à café a été vaincu par le café moulu !
- Le franc a été balayé par l'euro !
- La machine à écrire a été enterrée par l'ordinateur !
- Le disque vinyle a été évincé par les cassettes et les CD !

A qui le tour ?

- Le magnétoscope est aujourd'hui menacé par le lecteur de DVD...
- Le porte-monnaie est mis en danger par les puces électroniques...
- La clef va disparaître au profit de la carte...
- Le Minitel est écrasé par la vague Internet...

→ **D'autres objets de notre vie quotidienne vont-ils disparaître ? Par quels objets seront-ils remplacés ?**

D'après Delphine Perreau, Réponse à tout, mai 2003.

Faut-il interdire le clonage humain ?

57 % non, pas du tout
5 % non, pas vraiment
31 % oui, absolument
7 % oui, plutôt

Nombre de votants : 2 043

Non, pas du tout. Son interdiction n'empêchera rien. Il faudrait plutôt le réglementer, car c'est quand même quelque chose de fantastique. *Arthur, 18 ans, Vélizy*

Il faut seulement le contrôler. Si l'on est contre le clonage, on doit remettre en question la pilule, la fécondation in vitro et tout ce qui va à l'encontre de la nature… *Denis, 30 ans, Vaux-sur Seine*

Non, pas vraiment. Des gens attendent le don d'un organe, ce serait bête de ne pas en profiter. Mais attention aux dérapages. *Pierre, 37 ans, La Varenne Saint-Hilaire*

Oui, absolument. Le clonage humain est un acte sacrilège et dangereux ! C'est un crime contre la nature humaine. *Philippe, 39 ans, Le Mesnil-le-Roi*

C'est une question d'éthique, mais dans le cas des raéliens, il s'agit aussi d'une dangereuse manière de promouvoir leurs intérêts fallacieux. *Nansi, 25 ans, Versailles*

Oui, plutôt. Le tout est de trouver la limite entre le clonage humain proprement dit, à interdire, et le clonage thérapeutique, qui peut être bénéfique. *Clémence, 22 ans, Melun*

20 minutes, Janvier 2003.

→ **Et vous, que pensez-vous du clonage humain ?**

Cloner des lapins ! Il n'y a qu'un cinglé comme vous qui puisse avoir l'idée de cloner des lapins, sachant comment sont les lapins !

Quino

doc. 8

Pour vous aider

Accélérer / Une accélération
Accomplir
Améliorer / Une amélioration
Ancien ≠ Nouveau
Artificiel
Atteindre
Augmenter / Une augmentation
Avancer
Cloner / Le clonage
Communiquer / La communication
Concevoir / Une conception
Conquérir / Une conquête
Découvrir / Une découverte
Dépasser
Développer / Le développement
Diminuer / Une diminution
Échouer / Un échec
Entreprendre / Une entreprise
Évoluer / L'évolution
Expérimenter/ Une expérimentation
Fonctionner / Le fonctionnement
Futuriste
Gagner du terrain
Imaginer / L'imagination
Interdire / Une interdiction
Inventer / Une invention
L'astronomie / Un astronome
L'avenir
L'espace
L'espérance de vie
L'éternité
L'éthique
L'eugénisme / Un eugéniste
L'habitat
L'hérédité
L'histoire
L'humanité
L'informatique
L'insémination artificielle
L'univers
La « bioéthique »
La civilisation
La cybernétique
La génétique / Un gène
La maladie / Malade
La médecine
La mortalité ≠ L'immortalité
La natalité
La perfection
La robotique
La science / Un scientifique
La technologie
La télépathie
La transmission de pensée
Le cerveau
Le cosmos
Le droit
Le futur ≠ Le passé
Le progrès scientifique
Le progrès social
Le progrès technique
Le système solaire
Légiférer / Une loi
Les transports
Marcher sur la Lune
Moderne
Modifier / Une modification
Mortel ≠ Immortel
Novateur
Parfait ≠ Imparfait
Parvenir

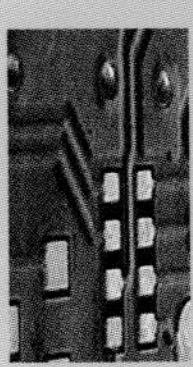

Perfectionner/ Le perfectionnement
Possible ≠ Impossible
Prévoir / Une prévision
Probable ≠ Improbable
Prochainement
Programmer / Une programmation
Progresser / Le progrès
Progressif
Projeter / Un projet
Réglementer/
Une règlementation
Régresser / Une régression
Réussir / Une réussite
Se déplacer / Le déplacement
Surpasser
Tactile
Transformer / Une transformation
Un but
Un clavier
Un clone
Un comprimé
Un écran
Un laboratoire
Un monde meilleur
Un objectif
Un OGM (organisme génétiquement modifié)
Un ordinateur
Un organisme
Un pionnier
Un robot
Un véhicule
Une aptitude
Une ascension
Une avancée
Une capacité
Une disquette
Une expérience
Une fusée
Une gélule
Une génération
Une machine
Une modification génétique
Une navette spaciale
Voyager dans le temps

Quelques expressions…

Aller de l'avant
Arriver à grands pas
Avancer à pas de géant
Faire un bond

→ **Choisissez trois mots dans la liste, dites ce qu'ils vous évoquent et justifiez votre choix.**

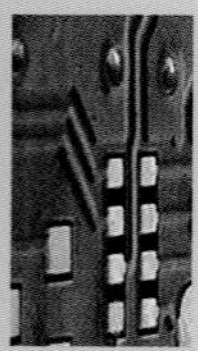

ET SI VOUS N'ÉTIEZ PLUS OBLIGÉ

D'INTERDIRE LA TÉLÉVISION À VOS ENFANTS ?

La télévision

La télévision tue-t-elle l'envie de lire?

1 **La télévision tue surtout le temps de lire.** Les gens établissent des priorités, et le temps qu'ils consacrent à regarder la télévision est du temps retiré à la lecture. Le phénomène est renforcé par le fait que la télé ne coûte presque rien : la redevance et c'est tout. Elle est surtout facile d'accès : on pousse un bouton, on s'assoit et l'image défile. Tandis qu'un livre, il faut aller l'acheter, le choisir dans une offre pléthorique, le payer, le lire, ce qui suppose une concentration, du silence et de l'effort.

Alain Noël, directeur éditorial aux presses de la Renaissance.

2 **Accuser la télé, c'est trop facile.** Non, la télévision n'a pas remplacé la lecture, elle est plutôt un complément. Que je sache, le cinéma n'a pas tué le théâtre, la photo n'a pas supprimé la peinture! Si les gens lisent moins, c'est pour de multiples raisons, et il est facile d'accuser la télé. Je ne me risquerais pas pour autant à dire que la télé stimule la lecture. Car pourquoi lit-on? Parce que quelqu'un vous l'a conseillé? Non. Lire, comme aimer, ne se conjugue pas à l'impératif. On lit pour des raisons aussi mystérieuses que celles qui font vivre.

Frédéric Ferney, animateur de Droits d'auteurs sur La Cinquième.

Dans quelques années, la télé sera l'alliée de l'édition. La télé «prend» plus à la lecture qu'elle ne lui apporte. Bien sûr, quand elle parle d'un livre, ses ventes explosent. Mais il y a une donnée de base : les gens passent trois heures par jour devant leur écran. Quel temps leur reste-t-il pour lire? Certes, on parle de plus en plus de livres à la télé. Les chaînes multiplient les émissions littéraires, ces dernières sont de mieux en mieux faites, et la «couverture» cathodique du Salon du livre s'améliore.

Olivier Labbé, responsable de librairie, Blois (41).

Quo, juillet 1997

→ **De quel point de vue vous sentez-vous le plus proche?**

doc. 1

Quino

Que représente ce document ?
Quelles idées vous inspire-t-il ?

La télévision

→ **Vous avez la parole...**

1. Avez-vous la télévision (dans votre pays et en France) ?
Où se trouve-t-elle ? Dans la chambre, le salon ?

2. Combien de temps restez-vous devant la télévision chaque jour ?

3. Que préférez-vous regarder à la télévision ?

4. Quel est le rôle de la télévision : informer, former, distraire ?

5. Quels sont les avantages et les inconvénients de la télévision ?

6. Est-il utile d'avoir 300 chaînes ?

7. Quelle est l'influence de la télévision sur la vie familiale ?

8. Que pensez-vous de la violence à la télévision ? S'y habitue-t-on ?
Est-il bon de tout montrer ?

9. Aimeriez-vous passer à la télé ? Dans quel genre d'émission ?

10. Pourriez-vous vivre sans télé ?

doc. 3

Télévision

La télé-réalité

David Sourdrille

Le principe de la télé-réalité consiste à créer de toutes pièces une fausse vie que l'on fera passer pour la «vraie vie», dans un lieu clos livré nuit et jour à l'indiscrétion d'une batterie de caméras filmant sans arrêt.

De témoins, les volontaires sont devenus des cobayes. Leur vie quotidienne est l'objet d'une expérience, comme des rats de laboratoire. Rien de ce qu'ils disent, de ce qu'ils font ne doit rester caché. Le seul refuge de leur vie privée est un « confessionnal » où, à l'abri du regard des autres (mais pas de celui des millions de téléspectateurs), ils peuvent (doivent) dire ce qu'ils pensent. Et, accessoirement, débiner leurs petits camarades. Car cette expérience de laboratoire a un enjeu : il s'agit, chaque semaine, d'éliminer l'un des concurrents, le vote des téléspectateurs tenant lieu de guillotine. Au bout du feuilleton : l'argent, la gloire, la célébrité.

Alain Rémond, *Marianne*, 7 au 13 juillet 2003.

➔ **Quel est le phénomène présenté dans cet article ?**

Citations

« S'il y a quelque chose qui porte bien son nom, c'est les dramatiques à la télévision. C'est de la télé et c'est dramatique. Tellement c'est mauvais ! »
COLUCHE

« La vie n'imite pas l'art, elle imite la mauvaise télévision. »
WOODY ALLEN

« Je trouve que la télévision est très favorable à la culture. Chaque fois que quelqu'un l'allume chez moi, je vais dans la pièce à côté et je lis. »
GROUCHO MARX

« La télévision n'exige du spectateur qu'un acte de courage, mais il est surhumain, c'est de l'éteindre. »
PASCAL BRUCKNER

« Lire le soir endort les yeux et détend l'esprit, regarder la télévision le soir irrite les yeux et éteint l'esprit. »
PAUL CARVEL

« Le livre t'inspire, la télévision t'aspire. »
PAUL CARVEL

« Il existe une télévision pour passer le temps et une autre pour comprendre le temps. »
ANDRÉ MALRAUX

« J'adore la télévision. En fermant les yeux, c'est presque aussi bien que la radio. »
P.J. VAILLARD

« La télévision n'est pas faite pour être regardée mais pour qu'on y passe. »
NOËL COWARD

« La télévision, on ne peut pas la regarder. Quand on est debout, on ne la regarde pas. Quand on est assis, on s'endort. »
FRANCIS BLANCHE

→ **Quelle est la citation que vous préférez ?**

doc. 5

Pour vous aider

Abonner / Un abonnement
Actif ≠ Inactif
Annoncer / Une annonce
Attirer l'attention de quelqu'un
Autoriser / Une autorisation
Captivant
Captiver
Censurer / La censure
Choisir / Un choix
Choquant
Choquer / Un choc
Contrôler / Un contrôle
Critiquer / Une critique
Décevoir quelqu'un / Une déception
Diffuser / Une diffusion
Doubler / Un doublage
Émouvant
Émouvoir
En couleur / En noir et blanc
Enregistrer / Un enregistrement
Éteindre ≠ Allumer
*Être accro**
Être choqué
Être déçu
Être dépendant de quelqu'un / de quelque chose
Être ému
Être étonné
Être influençable
Être influencé
Être manipulé
Être surpris
Influencer / Une influence
Informer
Interdire / Une interdiction
International
L'audience
L'audimat
L'opinion
La fiction
La météo
La passivité / Passif
La pornographie / Pornographique
La réalité
La subjectivité ≠ L'objectivité
La télé-réalité
*La téloche**
La violence / Violent
Le câble
Le cinéma
Le journal télévisé
Le petit écran
Le sens critique
Le voyeurisme
Les actualités
Les informations (infos)
Louer / Une location
Manipuler / La manipulation
Passer à la télévision
Passionnant
Présenter / Une présentation
Produire / Une production
Réaliser / Une réalisation
Regarder quelque chose à la télévision
Régional
Retransmettre / Une retransmission
S'enrichir / Un enrichissement
Se distraire / Une distraction
Sélectionner / Une sélection
Subjectif ≠ Objectif
Télévisuel

Télévision
doc. 6

Un acteur
Un animateur
Un annonceur
Un danger / Dangereux
Un débat / Débattre de quelque chose
Un dessin animé
Un divertissement / Se divertir
Un documentaire
Un écran
Un envoyé spécial
Un feuilleton
Un film
Un film en version originale (V.O.)
Un film sous-titré
Un homme politique
Un lavage de cerveau
Un magnétoscope
Un média
*Un navet**
Un plateau de télévision
Un présentateur
Un producteur
Un programme de télévision
Un réalisateur
Un récepteur
Un reportage
Un reporter
Un satellite
Un spectacle
Un studio
Un sujet
Un téléspectateur
Un téléviseur
Un journaliste
Une antenne
Une bande annonce
Une cassette vidéo
Une chaîne privée / publique
Une émission en direct
Une émission enregistrée
Une émotion
Une enquête
Une image
Une information
Une opinion
Une polémique
Une publicité
Une série
Une télécommande
Une télévision = un poste de télévision
Zapper / Le zapping

➔ **Choisissez trois mots dans la liste, dites ce qu'ils vous évoquent et justifiez votre choix.**

La mode

La mode
Chasseur de tendance

profession : Chasseur de tendance

Que porterez-vous dans un ou deux ans ?

Des jeans serrés aux chevilles, du rose et du vert à la place du gris et du noir ?

Avant de lancer une nouvelle ligne de vêtements, les fabricants doivent déceler les courants porteurs, bref imaginer l'avenir. Ils font appel à des spécialistes, les trend spotters, comme les appellent les anglo-saxons, autrement dit les chasseurs de tendance. Leur mission : offrir une analyse détaillée des orientations d'une saison. Vincent, 35 ans, est l'un de ces chasseurs, il travaille pour l'agence Nelly Rodi, un des principaux bureaux de style de Paris. « Le job consiste à travailler très en amont, à récolter un maximum d'informations pour savoir ce qui va plaire aux jeunes. Nous sommes amenés à discuter avec des groupes de jeunes, on leur présente des dessins, des formes et des couleurs, on leur demande d'exprimer leurs préférences. Nous faisons également intervenir des leaders d'opinions journalistes, professionnels du spectacle, architectes, designers (stylistes), etc. – dans des séances de brainstorming (échange d'idées) pour connaître leur opinion. »

A partir de toutes ces informations, sont réalisés des « cahiers de tendances » qui seront ensuite vendus aux stylistes et aux experts en marketing des fabricants de vêtements.

Le cahier présente une gamme de couleurs avec une déclinaison d'harmonies, des échantillons de tissus et de fibres, des dessins de silhouettes. « Un outil précieux, ajoute Vincent, car il fournit au fabricant un premier éclairage, une tendance générale. C'est un élément d'information qui lui permettra ensuite de lancer une gamme de produits et d'adapter un marketing afin que la ligne soit, un ou deux ans plus tard, dans l'air du temps, à la mode. »

Michel Heurteaux, Les clefs de l'actualité.

➔ **Présentez la profession décrite dans l'article.**

doc. 1

Maitena

→ **Que représente ce document ?**
Quelles idées vous inspire-t-il ?

Mode
doc. 2

La mode, les vêtements, les marques

→ **Vous avez la parole...**

1. Que peut-on apprendre d'une personne en regardant ses vêtements ?

2. La mode est-elle très suivie dans votre pays ? Par tous ? (hommes, femmes, jeunes, personnes âgées...) La mode de votre pays est-elle différente de celle que vous voyez en France ?

3. Êtes-vous influencé par la mode (style, couleurs,...) ?

4. Certaines modes vous semblent-elles ridicules ? Lesquelles ?

5. Comment choisissez-vous les vêtements que vous achetez ? (classiques, qui vont avec tout, à la mode, chers, de marque, bon marché pour en changer souvent, d'occasion... ?)

6. Avez-vous déjà acheté des vêtements que vous n'avez jamais mis ? Pourquoi ?

7. Que faites-vous de vos vieux vêtements : vous les donnez, vous les jetez sans regret ou vous avez du mal à vous en séparer et vous gardez des vêtements que vous ne reporterez jamais ?

8. Dépensez-vous beaucoup d'argent en vêtements ? Quel est le vêtement le plus cher que vous ayez acheté ?

9. Aimez-vous « faire » les magasins ? Y allez-vous seul(e) ou accompagné(e) ? Qui vous accompagne ? L'avis des autres est-il important dans le choix d'un vêtement ?

10. Pour vous, que représentent les marques ? En porte-t-on beaucoup dans votre pays ? Aimeriez-vous avoir des vêtements de marque ? Pourquoi ?

doc. 3

Les femmes changent, la mode aussi
Ceux qui ne changent jamais ce sont les hommes !!

Maïtena

➔ **Que représente ce document ?**

➔ **Quelles idées vous inspire-t-il ?**

Mode

doc. 4

Citations

« La mode est avant tout un art du changement. »
JOHN GALLIANO

« Ne pas être à la mode est la meilleure façon de ne pas se démoder. »
JEAN DION

« La mode c'est le goût des autres. »
LOUIS SCUTENAIRE

« Chaque génération se moque des vieilles modes, mais suit religieusement les nouvelles. »
HENRY DAVID THOREAU

« Les hommes créent souvent des modes aberrantes pour se venger des femmes. »
ROLAND BARTHES

« Les femmes suivent la mode pour que les hommes les suivent ! »
ANONYME

« Les femmes chérissent la mode, parce que la nouveauté est toujours un reflet de jeunesse. »
MADELEINE DE SCUDÉRY

« S'habiller est un mode de vie. »
YVES SAINT LAURENT

« La mode se démode, le style jamais. »
COCO CHANEL

« La mode domine les provinciales, mais les parisiennes dominent la mode. »
JEAN-JACQUES ROUSSEAU

➔ **Quelle est la citation que vous préférez ?**

doc. 5

Pour vous aider

À carreaux
À pois
À ras du cou
À rayures
Ample
Assortir
Avoir l'air
Banal
Bariolé
BCBG (bon chic bon genre)
Bizarre
Bon marché
Broder
Changer de (vêtements)
Chausser
Cher
Chic
Clair
Classique
Coloré
Commun
Coudre
Court
Des franges
Écossais
Élégant
Enfiler
Enlever
Essayer
Être à la mode ≠ Démodé
Être décontracté
Être en jupe, pantalon…
Excentrique
Extravagant
Faire du lèche-vitrines
Faire les boutiques
Faire les magasins
Faire une folie
Foncé
Froissé
L'acrylique
L'apparence
L'élégance
La confection
La coupe
La couture
*La dégaine**
La doublure
La fourrure
La haute couture
La matière
La mode
La pointure
La qualité
La semelle
La soie
La taille
Large
Le coton
Le cuir
Le goût
*Le look**
Le nylon
Le prêt-à-porter
Le prix
*Les fringues**
Les motifs
Les soldes
Long
Mettre un vêtement
Moulant
Original
Ôter
Paraître
Plissé
Porter (un vêtement)
Raccourcir ≠ Rallonger
Rayé
Repasser
Ressembler à
Resserrer ≠ Élargir
Retirer
Retoucher
S'habiller ≠ Se déshabiller
Se changer
Se vêtir
Sembler
Serré ≠ Large
Seyant
Soyeux
Tricoter
Troué
Un ceintre
Un col cheminée
Un col en V
Un col roulé
Un couturier
Un décolleté
Un défilé
Un fer à repasser
Un habit
Un mannequin
Un modèle
Un ourlet
Un placard
Un revers
Un salon d'essayage
Un style
Un talon
Un textile
Un tissu imprimé
Un tissu uni
Un uniforme
Un vendeur
Un vêtement
Un vêtement bien / mal coupé
Un vêtement d'occasion

Mode
doc. 6

Une aiguille
Une cabine d'essayage
Une étiquette
Une jupe longue
Une machine à coudre
Une manche
Une marque
Une matière
Une mini-jupe
Une penderie
Une poche
Une retouche
Une styliste
Une victime de la mode
Usé

Types de vêtements et accessoires…

Des bas
Des baskets
Des bottes
Des boucles d'oreille
Des bretelles
Des chaussettes
Des chaussons
Des chaussures
Des escarpins
Des gants
*Des godasses**
*Des grolles**
Des lunettes
Des mocassins
Des pantoufles
*Des pompes**
Des sandales
Des socquettes
Des sous-vêtements
Des tennis
Un anorak
Un béret
Un bermuda
Un blouson
Un bonnet
Un bracelet
Un caleçon
Un chapeau
Un chemisier
Un collant
Un collier
Un costume
*Un falzar**
Un foulard
*Un froc**
Un gilet
Un imperméable
Un jean
Un jogging
Un maillot de bains
Un maillot de corps
Un manteau
Un manteau de fourrure
Un nœud papillon
Un pantalon
Un parapluie
Un peignoir
Un pendentif
Un polo
Un porte-jarretelles
Un pull ras du cou
Un pull-over
Un pyjama
Un sac à dos
Un sac à main
Un short
Un slip
Un smoking
Un soutien-gorge
Un string
Un survêtement
Un tablier
Un tailleur
Un tee-shirt
Un tricot
Une bague
Une broche
Une casquette
Une ceinture
Une chaîne
Une chemise
Une combinaison
Une cravate
Une culotte
Une écharpe
Une gourmette
Un guêpière
Une jupe
Une jupe plissée
Une montre
Une perruque
Une pochette
Une robe
Une robe à manches longues / courtes
Une robe de chambre
Une robe du soir
Une robe sans manches
Une salopette
Une veste

Quelques expressions…

*Être sapé comme l'as de pique**
Être tiré à quatre épingles
Être sur son 31

→ **Choisissez trois mots dans la liste, dites ce qu'ils vous évoquent et justifiez votre choix.**

doc. 6 suite

Les Français

Quand on débarque à Paris

➔ Où sont les toilettes ?
« Ce qui est intéressant ici, c'est la diversité des nationalités. Ce n'est pas vraiment le cas dans mon pays. La France dispose d'un vrai patrimoine historique, il y a plein de choses à voir. Je trouve que les Français parlent moins fort que les Chinois, ils s'expriment doucement. Ce qui m'a vraiment frappé ? Il n'y a pas de toilettes dans le métro ! »
VONG, 23 ANS, CHINE.

➔ Ça swingue à Paname
« D'après ce que je peux voir, à Paris les gens sont plus sociables qu'à Istanbul. Les Français sont plus ouverts. En Turquie, le mode de vie est familial, on habite tous ensemble. A Paris, quand tu sors le soir, les gens dansent beaucoup, contrairement aux Turcs qui boivent surtout. Je trouve la langue française très belle, mais le principal obstacle pour nous, c'est que nous ne faisons pas partie de l'Union européenne. Il est donc très difficile d'y travailler. »
ZEYNEP, 25 ANS, TURQUIE.

➔ Peur du froid…
« Ce qui m'a surprise en arrivant, c'est le temps. Il fait froid ici ! En plus, il est difficile de trouver un logement. J'habite avec d'autres Grecs, très loin de mon école. J'imaginais Paris différent, plus ouvert… Les Français ne donnent pas l'impression de vouloir connaître les étrangers. Mais c'est peut-être parce que je ne parle pas suffisamment bien le français ! »
SILVIA, 21 ANS, GRÈCE.

➔ Le tour du monde… en un jour
« Ce qui est formidable ici, c'est que tu fais cinq ou six rencontres par jour. Tu manges avec un Allemand, tu bois ton café avec un Américain. Paris est un peu impressionnant au début, surtout quand on vient d'un pays en voie de développement comme le mien. Il y a tout ici, c'est un vrai musée. D'accord, c'est un peu pollué et les gens vivent de façon un peu individuelle, mais dans quelle grande ville n'y a-t-il pas d'individualisme ? »
CHEDLI, 32 ANS, TUNISIE.

➔ French lovers
« Les Français sont plus ouverts, moins timides que les Finlandais. Mais un truc qui ne me plaît pas, c'est qu'ici, les mecs draguent tout le temps ! Je trouve ça gênant. En Finlande, tout est plus discret. Au début, l'apprentissage de la langue était difficile. Je faisais des efforts mais les gens me répondaient en anglais, c'était décourageant… »
ANNA, 20 ANS, FINLANDE.

➔ Suivez le guide
« Tout est plus grand ici, les rues, les magasins. On est un peu perdu au début. Je me souviens que quand je suis arrivé, certains m'avaient dit que tout était compliqué, comme prendre le métro. En fait, c'est tout simple, il suffit de se laisser guider. »
ARNAUD, 22 ANS, GABON.

Magazine Cosmopolis.

➔ **Lequel de ces témoignages vous paraît le plus juste ? Pourquoi ?**

doc. 1

➔ **Que représente ce document ?**
Quelles idées vous inspire-t-il ?

France
Les Français

➔ **Vous avez la parole...**

1. Quel est, dans votre pays, le cliché du Français ?

2. Si un Martien vous demandait de lui présenter la France et les Français en quelques mots, que lui diriez-vous ?

3. Si vous deviez choisir un animal pour représenter le Français, lequel choisiriez-vous ?

4. Vous sentez-vous très différent des Français ? Pourquoi ?

5. Quelles sont les choses qui vous ont le plus étonné à votre arrivée en France ?

6. Quelles sont les choses que vous appréciez en France et celles qui vous déplaisent ?

7. Quels conseils donneriez-vous à un compatriote qui arrive en France ?

8. En quoi votre idée de la France et des Français a-t-elle changé depuis que vous les connaissez mieux ?

9. L'idée que les Français se font de votre pays et de vos compatriotes vous satisfait-elle ? Pourquoi ?

10. Quelle est la personnalité (vedette de la chanson, du cinéma, homme politique, scientifique) qui représente le mieux la France ?

doc. 3

LES FRANÇAIS COMME ILS SONT :

En voyage

Eugène Collilieux.

➔ **Que représente ce document ?**
Quelles idées vous inspire-t-il ?

Activité complémentaire

VOIE EXPRESS
Pourquoi avoir choisi la France pour vos vacances ?

Renata Schaub
20 ANS
ÉTUDIANTE
ST GALLEN (SUISSE)

« Avec mon amie, nous avions envie de rencontrer les Français, qui sont des gens ouverts aimant faire la fête, boire du bon vin.
Et puis il y a la mer, de superbes monuments à visiter à Paris et de jolis garçons. Nous sommes parties à l'aventure pour un tour de France : Mulhouse, Nice, Narbonne, puis Bayonne, La Rochelle et Brest avant de terminer par Paris.
Nous dormons dans des campings, dans des auberges de jeunesse ou parfois même dans le train. »

Léandro Bisso
40 ANS
MAÇON
NOVARA (ITALIE)

«J'aime la France car il y a une ambiance spéciale très romantique mais pas tout à fait comme en Italie.
C'est émouvant de se retrouver à certains endroits comme Notre-Dame, ou dans des quartiers tel Saint-Germain-des-Prés. C'est la deuxième fois que je viens ici avec mon cousin. Nous sommes là jusqu'à demain et en une semaine, nous avons visité beaucoup d'endroits différents : Fontainebleau, Chartres ou encore le château de Chantilly. »

Zwonko Milaskova
43 ANS
PROF DE LETTRES
ZAGREB (CROATIE)

«Cela fait la dixième fois que je viens en France. J'aime tout dans votre pays : la nourriture, la culture. Je préfère voyager seul et j'essaie de voir un maximum de choses, d'aller à des spectacles.
Je suis descendu à un hôtel à Denfert-Rochereau où ont séjourné des écrivains croates avant la guerre. C'est très touchant. Ensuite, je me rends en Bretagne puis je pars en Irlande.»

Diana Miller
44 ANS
AGENT IMMOBILIER
BRIGHTON (G.-B.)

« Je suis venue régulièrement en France depuis quinze ans, à Cannes, Bordeaux ou en Bretagne. Cette fois, je suis seule avec ma fille et nous visitons les lieux artistiques comme le musée d'Art moderne. Ici, j'aime essentiellement la nourriture, la culture, le shopping et aussi l'accent des Français. J'essaie de parler votre langue mais ce n'est pas facile car mes cours de français remontent tout de même à une vingtaine d'années.»

Le Parisien, 30 juillet 1998.

➔ **Pour quelles raisons ces personnes ont-elles choisi la France pour leurs vacances ?**

➔ **Que font-elles pendant leurs vacances en France ?**

➔ **Partagez-vous leur opinion sur la France et les Français ?**

Citations

« Sitôt qu'un Français a passé la frontière, il entre en pays étranger. »
LOUIS HAVIN

« Si Dieu descendait sur la Terre, tous les peuples se mettraient à genoux, excepté les Français qui diraient : " Ah ! Vous êtes là ! C'est pas trop tôt ! On va pouvoir discuter un peu ! " »
MICHEL BALFOUR

« Il est dans le caractère français d'exagérer, de se plaindre et de tout défigurer dès qu'on est mécontent. »
NAPOLÉON BONAPARTE

« Quand un Français dit du mal de lui, ne le croyez pas, il se vante ! »
EDOUARD PAILLERON

« La vanité et la crainte du ridicule sont les traits les plus saillants du caractère français. C'est étrange, à coup sûr, la vanité étant neuf fois sur dix la source du ridicule. »
ELIE FAURE

« Les Français sont des jeunes gens toute leur vie. »
JOSEPH JOUBERT

« Les Français qui croisent une étrangère lui regardent successivement les jambes, les yeux et l'annulaire gauche. »
SAN-ANTONIO

« Les Français peuvent être considérés comme les gens les plus hospitaliers du monde, pourvu que l'on ne veuille pas entrer chez eux. »
PIERRE DANINOS

« Le patriotisme, c'est aimer son pays. Le nationalisme, c'est détester celui des autres. »
CHARLES DE GAULLE

« Tous les Français aiment la France, c'est vrai, mais jamais la même. »
AIMÉE DE COIGNY

➔ **Quelle est la citation que vous préférez ?**

Pour vous aider

Accueillant
Accueillir quelqu'un / L'accueil
Chaleureux ≠ Froid
Charmeur
Chauvin
Communautaire
Comparer
Content ≠ mécontent
Critiquer / Une critique
Culturel
Dépayser / Le dépaysement
En comparaison avec
Être choqué par quelque chose
Être étonné par quelque chose
Être fier de quelqu'un / de quelque chose
Être nostalgique
Être originaire de
Être renfermé
Être réservé
Être surpris par quelque chose
Exagérer quelque chose / Une exagération
Généraliser / Une généralité
Historique
Immigrer / L'immigration
Individualiste
L'histoire
L'Union européenne
La culture
La diversité
La fierté
La géographie
La mentalité
La nation
La nostalgie
La patrie
Le « Français moyen »
Le « mal du pays »
Le chauvinisme
Le climat
Le nationalisme
Le patrimoine
Le patriotisme
Le racisme
Les habitants
Les mœurs
Nationaliste
Ouvert
Patriotique
Raciste
S'adapter à quelque chose
S'intégrer / L'intégration
Se comporter / Le comportement
Symbolique
Symboliser / Un symbole
Typique
Un béret
Un citoyen / La citoyenneté
Un cliché
Un comportement
Un étranger
Un lieu commun
Un mode de vie
Un monument
Un point commun
Un réfugié
Un sondage
Un stéréotype
Un touriste / touristique
Un immigré
Une attitude
Une banalité
Une caractéristique
Une caricature / Caricatural
Une communauté
Une comparaison
Une coutume
Une exception
Une frontière
Une habitude
Une idée reçue
Une idée toute faite
Une identité
Une nationalité
Une origine
Une particularité
Une tradition / traditionnel
Universel
Xénophile ≠ Xénophobe

➔ Choisissez trois mots dans la liste, dites ce qu'ils vous évoquent et justifiez votre choix.

doc. 7

La publicité

La publicité

La pub entre à l'école

LA PUB entre à l'école

Aux Etats-Unis, la publicité est utilisée dans les classes. Du moins pour 8 millions d'élèves, dont les cours sont hachés quotidiennement par des spots publicitaires. Et pas question de «zapper»!

Sur l'écran, s'affichent les logos «MacDo» et «Pepsi». Puis des phrases: *«J'aime le cheese-burger de chez Mac Donald. J'aime acheter et boire un Pepsi»*. Un élève de 8 ans lit les phrases à haute voix! L'institutrice s'approche: *«Que signifie «acheter»?»* Plusieurs écoliers lèvent la main, prêts à répondre…

La faute à "E.T."

Dans la classe voisine, le cours de maths porte sur la notion de volume. Un film vidéo montre (calculs à l'appui) que le volume de la pizza «X» est supérieur à celui de ses concurrentes, pour un prix inférieur. Toutes les deux phrases la pizza «X» est citée. À l'étage supérieur, cours de français. Toute la classe suit un programme à distance, accessible sur Internet. Là, c'est une marque de jouets qui sert de support au cours. Fiction? Non. Il s'agit en effet de la réalité quotidienne de 8 millions de collégiens et lycéens américains!

La faute à qui? La faute à «*E.T.*», le célèbre film de Steven Spielberg réalisé en 1982. Sur l'écran, on voyait l'extra-terrestre se gaver de bonbons «Rees's pieces». Dans les semaines qui suivirent la sortie du film, la vente de ces sucreries augmenta de… 65 %! Idem avec les tortues Ninja, amateurs de pizza «Domino» qui virent leurs ventes augmenter de près de 80 % en quelques semaines… Les nouveaux clients de ces produits: les moins de 16 ans.
Du coup, certains publicitaires américains ont estimé qu'il serait efficace d'habituer les enfants dès leur plus jeune âge aux produits qu'ils sont chargés de vendre. C'est ainsi que nombre d'écoles se sont vu offrir du matériel informatique, des magnétoscopes, TV… gratuitement, à condition que certains spots publicitaires soient diffusés chaque jour en classe!

Depuis, les contrats liant les écoles aux annonceurs ne cessent de se multiplier: aujourd'hui, plus de 12 000 établissements utilisent la pub en classe… Certains établissements scolaires sont même tenus par contrat, de punir (colles ou renvois) les élèves qui «zappent» les pubs!

En France, une telle situation est impossible. Les écoles privées sous contrat d'État sont en effet tenues de respecter une totale indépendance vis-à-vis de tout produit qui n'est pas purement scolaire.

J.-F. C.

Les clés de l'actualité, févier 1996.

→ **Quel est le problème soulevé dans l'article?**

doc. 1

La publicité

→ **Vous avez la parole...**

1. Quel est le rôle de la publicité ? (vendre, informer, divertir, autre...)

2. Quel type de publicité préférez-vous (radio, télévision, cinéma, affichage, autre...) ? Pourquoi ?

3. Décrivez une publicité que vous aimez particulièrement et expliquez les raisons de votre choix.

4. Quelles différences constatez-vous entre la publicité dans votre pays et la publicité en France ?

5. Êtes-vous influencé par la publicité à l'heure de faire vos achats ? Justifiez votre réponse.

6. Quelle est l'image de la femme, de la famille, du couple, véhiculée par la publicité ?

7. La nudité vous choque-t-elle sur les affiches publicitaires ?

8. Peut-on faire de la publicité pour tous les produits et services ? (pompes funèbres, hôpitaux, etc.)

9. En quoi la publicité peut-elle être dangereuse ?

10. Pourriez-vous imaginer un monde sans publicité ? Oui / Non, pourquoi ?

La publicité

On vous en fait voir de toutes les couleurs !

La symbolique des couleurs

La pub nous l'a déjà dit : la couleur, c'est la vie. On a une peur bleue, on est vert de jalousie, rouge de honte, on rit jaune. Et puis, les couleurs ont une symbolique très forte, qui diffère selon les cultures ; elles révèlent notre personnalité, influencent nos comportements ou font qu'on est, ou pas tendance.

Le bleu fait référence au ciel et à la mer. C'est la couleur de l'infini. Le bleu calme, apaise, repose ; il est contemplatif. La psychanalyse l'associe à un « mode de vie doux, léger et supérieur ». Il est utilisé pour traduire les idées de liberté, de découverte, de rêverie romantique (« être fleur bleue »). En Europe centrale, le bleu est synonyme de fidélité, mais aussi de mystère, d'illusion et d'incertitude. La tradition chinoise veut que les fleurs, les rubans et les yeux bleus soient considérés comme source de malheur. Le bleu est la couleur préférée des Français.

Le rouge est la couleur de la vie et de l'excitation. Associé à l'homme, le rouge mobilise : c'est la couleur de la prise de position, de la guerre, du combat. Pour la femme, le rouge est secret ; il est lié à l'interdit, à la passion ardente, à la sexualité. En Chine, c'est la couleur de la joie, de la fête et donc des robes de mariées.

Le jaune, assimilé à l'or, est dans toutes les civilisations, la couleur des dieux. Bizarrement, quoique lumineux, il connaît aussi beaucoup d'associations négatives. Le jaune est ainsi le symbole de l'envie, de la jalousie et de l'infidélité. Attention, un simple bouquet de fleurs jaunes peut faire naître la suspicion !

Le vert est la couleur de l'espérance, du renouveau et de l'éternité puisqu'il est lié au cycle des saisons. C'est aussi une couleur mystique ; ainsi, dans l'Islam, le prophète en est vêtu. Les comédiens refusent souvent de porter du vert. L'origine de cette superstition n'est pas certaine. Peut être est-ce parce qu'autrefois les teintures vertes contenaient des substances dangereuses pour la peau ou encore à cause des éclairages de théâtre, qui, lorsqu'ils étaient verts, donnaient mauvaise mine aux acteurs.

Le violet est la couleur de la religion, du dogme. Dans l'Église catholique, tous les habits sont violets.

Le orange est la couleur de l'équilibre entre l'ego et la libido, le conscient et l'inconscient, le physique et le mental. Quand l'harmonie se rompt, on entre dans la sublimation, la fidélité ou, au contraire, dans le mensonge, la trahison ou la rébellion. Comme l'homme est libre de ses choix, le orange évoque aussi la liberté.

Le noir et le blanc sont les couleurs de l'absolu. En Europe, le noir est une couleur négative (chat noir, ténèbres…), tandis que le blanc évoque la pureté, l'innocence, la paix. Mais dans beaucoup d'autres cultures, ce dernier est associé à la mort. Ainsi, en Chine, les vêtements de deuil sont blancs.

A nous Paris, févier 2000.

➔ **Avez-vous la même symbolique des couleurs dans votre pays ?**

doc. 3

Citations

« La publicité est comme le poison : elle n'est dangereuse qu'avalée. »
JOE PATERNO

« La publicité, c'est l'art de vous rendre malheureux de ne pas pouvoir vous acheter ce dont vous pouvez très bien vous passer. »
PATRICK SÉBASTIEN

« Dans la presse, seules les publicités disent la vérité. »
THOMAS JEFFERSON

« La publicité pousse les gens à ne pas se fier à leur jugement ; elle leur apprend à être stupides. »
CARL SAGAN

« La publicité, c'est la science de stopper l'intelligence humaine assez longtemps pour lui soutirer de l'argent. »
STEPHEN LEACOCK

« La publicité est la plus belle conquête des temps modernes : celle des imbéciles par les malins. »
CLAUDE MICHEL CLUNY

« La publicité, c'est l'art de faire des mensonges entiers avec des demi vérités. »
EDGAR A. SCHOAFF

« Plus d'une chose insignifiante a pris de l'ampleur grâce à une bonne publicité. »
MARK TWAIN

« La publicité est l'organisation du mensonge. »
DANIEL BOULANGER

« La publicité, c'est la gloire du riche. »
AUGUSTE DE FŒUF

→ **Quelle est la citation que vous préférez ?**

Photo n°1
Le couple et le livre

- Qui sont les personnages ? (nom, prénom, nationalité, âge, profession, caractère, goûts…)
- Quel lien existe-t-il entre eux ?
- Où se passe la scène ? Dans quelle ville ?
- A quel moment de la journée la photo a-t-elle été prise ?
- Quel genre de livre lisent-ils ?
- Que se disent-ils ? Pourquoi rient-ils ?
- Imaginez ce que fera ce couple juste après la photo.
- Que pensez-vous de cette photo ? Qu'est-ce que cette photo évoque pour vous ?
- Si ce document était une publicité, quel serait le produit présenté ?

Photo n°2
Les deux jeunes filles au téléphone

- Qui sont les personnages ? (nom, prénom, nationalité, âge, profession, caractère, goûts...)
- Quel lien existe-t-il entre ces deux jeunes filles ?
- Où se passe la scène ?
- A quel moment de la journée la photo a-t-elle été prise ?
- A qui téléphonent-elles ? Que disent-elles ?
- Imaginez ce que feront ces jeunes filles juste après la photo.
- Que pensez-vous de cette photo ? Qu'est-ce que cette photo évoque pour vous ?
- Si ce document était une publicité, quel serait le produit présenté ?

Pour vous aider

Acheter / Un achat
Afficher / Un affichage
Censurer / La censure
Choquant
Choquer
Cibler / Une cible
Commercial
Conseiller / Un conseil
Consommer / La consommation
Coûter / Le coût
Créatif
Créer / La création
Démontrer
Désirer / Un désir
Diffuser une publicité
Émouvant
Émouvoir
Exposer
Faire une démonstration
Fidéliser
Influencer / Une influence
Insérer
Interrompre / Une interruption
L'ambiance
L'audience
L'efficacité / Efficace
L'internet
La composition d'un produit
La concurrence
La créativité
La notoriété
La nudité
La presse
La publicité comparative
La radio
La télévision
Lancer un produit
Le cinéma
Le commerce
Le marché
Le pouvoir d'achat
Le rapport qualité-prix
Les nouveaux médias
Les relations publiques
Manipuler / La manipulation
Mémoriser / La mémorisation
Posséder / La possession
Promouvoir / Une promotion
Prouver / Une preuve
Répétitif
S'adresser à quelqu'un
Se souvenir de / Le souvenir
Susciter une émotion
Un achat d'espace
Un acheteur
Un annonceur
Un argument
Un bénéfice
Un besoin
Un chef d'entreprise
Un chef de produit
Un chiffre d'affaires
Un comportement
Un consommateur
Un espace publicitaire
Un jingle
Un logo
Un magasin
Un média
Un message
Un objectif commercial
Un objectif de communication
Un outil marketing
Un prix
Un produit / Un service
Un programme
Un prospectus
Un publicitaire
Un slogan
Un sponsor
Un spot publicitaire
Un supermarché
Une affiche
Une agence de publicité
Une annonce
Une campagne publicitaire
Une catégorie socio-professionnelle
Une cible
Une couleur
Une émission
Une étude de marché
Une gamme de produits
Une image subliminale
Une marque
Une ménagère
Une pancarte
Une part de marché
Une publicité mensongère
Une réclame
Une réduction
Une remise
Une stratégie publicitaire
Une tête de gondole
Une tranche d'âge
Vanter un produit
Viser

→ **Choisissez trois mots dans la liste, dites ce qu'ils vous évoquent et justifiez votre choix.**

doc. 6

Les âges de la vie

Si je vous dis : «40 ans…», à quoi pensez-vous ?

Marie, 42 ans

«Un âge super. L'affirmation de soi. L'envie de prendre des risques, d'agir sur sa vie»

Denis, 35 ans

«Rien de précis. Rien de spécial. Pas plus que ça.»

Aziz, 31 ans

«Négatif. Le plus tard sera le mieux.»

Alain, 35 ans

«C'est l'âge de la raison, celui où l'on passe du fictif à la réalité. L'âge où l'on commence à réfléchir vraiment. Donc plutôt positif.»

Sylvia, 37 ans

«J'espère que c'est l'âge où l'on sait enfin ce que l'on veut faire. Et où l'on a enfin envie de tout mettre en œuvre pour y parvenir.»

Jeanne, 56 ans

«Un excellent souvenir. Le top au niveau professionnel et le moment où je me suis sentie au mieux avec moi-même. État dont les hommes m'ont hélas guérie au-delà de 50 ans.»

Christel, 36 ans

«Je n'y pense pas. Les seules copines autour de moi qui y pensent sont celles qui n'ont pas encore d'enfant.»

Yannick, 32 ans

«Le plus bel âge pour une femme!»

Pascal, 40 ans

« Le big bang! Une envie de changement radical. L'âge des urgences. Celui où l'on se dit qu'il est urgent de faire les bons choix, de se débarrasser des nuisances quotidiennes, des mesquineries et des pollueurs de vie en tout genre.»

François-Xavier, 30 ans

«Ça me fait d'abord penser à une couverture de magazine féminin, avec une femme superbe, épanouie, sereine. Pour les hommes en revanche, je pense plutôt à la politique, à ce fameux «mouvement des quadras», qui n'a rien donné. Nettement moins bien.»

François, 44 ans

«Je préfère 40 que 20. En tout cas pour moi. Je suis largement deux fois plus heureux. Moins timide. Tout est plus facile.»

Nicole

(«d'un âge où l'on ne dit plus son âge»): *«A rien du tout! Mon seuil à moi, c'était 33 ans. C'est à cet âge-là que j'ai vécu une remise en question. A part ça, 40 ans, ça me rappelle que je n'ai pas eu d'enfant.»*

Taous, 42 ans

«Pour moi, c'est un âge sans grand changement. Je ne me sens pas plus différente qu'à 20 ans, ou 35…Il n'y a que lorsque je réalise que mon fils a 20 ans que je me dis parfois que, peut-être, je suis vieille.»

Philippe, 35 ans

« J'imagine ça comme un âge de constat, un âge d'adulte… même si je ne suis pas sûr que j'aurai, moi, l'impression d'être adulte à 40 ans. En tout cas, je ne vois pas ça comme un âge de vieillesse: encore vingt ans minimum à bosser ! »

Cyril, 29 ans

« Un point de non-retour. Là où tu vois si tu t'es accompli ou pas. Si oui, tant mieux. Si non, tant pis pour toi !»

Sylvie, 43 ans

« Le seul anniversaire que je n'ai pas fêté, avec celui de mes 25 ans. D'habitude, je fais toujours une fête, j'adore ça. Mais là, j'avais pas envie. Pour moi, c'était deux âges, la fin de la jeunesse et le début de la femme mûre, difficiles à passer, socialement parlant. Rien de glorieux, en tout cas. Je n'étais pas contente de les avoir; je n'avais aucune envie de les fêter. »

Agathe, 31 ans

«Une période charnière pendant laquelle on n'est ni ado ni vraiment adulte, mais jeune.»

Omar, 27 ans

«La maturité. Être bien dans ses baskets.»

Henri, 55 ans

«Une génération dont je me demande si elle sera capable de nous remplacer, ou bien si, victime de notre longévité, elle ne sera pas directement supplantée par celle des 30 ans.»

Serge, 39 ans

«Une mégateuf ! J'essaie de me rajeunir en parlant comme les jeunes…»

Le figaro Magazine, samedi 4 mars 2000.

→ **Quels témoignages vous ont choqué, amusé, surpris ? Pourquoi ?**

doc. 1

Quino.

➔ **Que représente ce document ?**
Quelles idées vous inspire-t-il ?

Ages de la vie
doc. 2

Les âges de la vie

➔ **Vous avez la parole...**

1. Êtes-vous satisfait d'avoir votre âge ? (Voudriez-vous être plus jeune/vieux, pourquoi ?)

2. Quel est l'âge le plus heureux ?

3. Deux générations peuvent-elles vraiment se comprendre ? Le respect des anciens est-il une valeur fondamentale dans votre pays ?

4. Dans un couple, la différence d'âge peut-elle être un obstacle ? Quelle est la différence d'âge idéale ?

5. Quelles sont les caractéristiques de la jeunesse ? Qui/Qu'admire-t-elle ? Qui/que déteste-t-elle ?

6. S'améliore-t-on en vieillissant ?

7. Quelle image a-t-on des personnes âgées dans votre pays (qualités / défauts) ?

8. Les traits du visage (d'un enfant, d'un jeune, d'une personne âgée) révèlent-ils le caractère ?

9. Voudriez-vous rester éternellement jeune ? Comment envisagez-vous votre vieillesse ?

10. Que « doit »-on avoir fait avant d'être vieux ?

doc. 3

Maïtena.

➔ Que représente ce document ?

➔ Quelles idées vous inspire-t-il ?

A quel âge ?

A quel âge…?

Indiquez, d’après vous, l’âge « idéal » pour réaliser chacune des propositions suivantes. Justifiez votre réponse.

SITUATION	ÂGE IDÉAL
Ne plus croire au Père Noël	
Apprendre une langue	
Se marier	
Mourir	
Commencer à boire de l'alcool, à fumer	
Devenir riche	
Sortir le soir, aller en discothèque	
Avoir un enfant	
Quitter ses parents	
Commencer l'école	
Prendre sa retraite	
Embrasser une fille/un garçon	
Acheter un appartement	
Commencer à travailler	
Se maquiller	

Citations

« Chaque âge a ses plaisirs, son esprit et ses mœurs. »
BOILEAU

« A trente ans, tout est joué : œuvre, carrière, amour, destinée. Après, il suffit de suivre les rails. Chemin de velours ou mauvaise glissade, peu importe, on suit sa pente. »
P. DE BOISDEFFRE

« Chaque âge a ses problèmes. On les résout à l'âge suivant. »
M. CHAPELAN

« Les gens de mon âge me paraissent plus âgés que moi. »
M. CHAPELAN

« A cinquante-deux ans, il n'y a que le bonheur et la bonne humeur en général qui puissent rendre un homme séduisant. »
J. DUTOURD

« Ne m'accusez pas, disait cette femme, d'être une menteuse : tout ce que je retranche de mon âge, je l'ajoute à l'âge de mes amies. »
E. HERRIOT

« A un certain âge, les deux bras d'un fauteuil vous attirent plus que les deux bras d'une femme. »
G. FLAUBERT

« Il y a l'âge qu'on a, celui que l'on paraît et celui qu'on se donne. L'âge qu'on a est sans intérêt. Celui que l'on paraît me semble importer davantage, mais ce qui doit compter le plus, c'est l'âge que l'on croit avoir, selon lequel on agit. »
M. JOUHANDEAU

« J'avais vingt ans. Je ne laisserai personne dire que c'est le plus bel âge de la vie. »
P. NIZAN

« Tout âge porte ses fruits, il faut savoir les cueillir. »
R. RADIGUET

➔ **Quelle est la citation que vous préférez ?**

Aller sur ses trente ans
Atteindre l'âge de
Avoir passé l'âge
Avoir peur de
Changer / Un changement
Enfantin
Être à l'aise
Être angoissé
Être en bonne / mauvaise santé
Être en forme
Être épanoui
Être majeur
Être mineur
Être ridé
Faire attention à quelque chose
Faire du sport
Faire un régime
Faire / Ne pas faire son âge
Fêter
Grandir
Infantile
Jeune ≠ vieux
Juvénil
L'adolescence
L'âge de raison
L'âge mûr
L'aîné ≠ Le cadet
L'ancienneté
L'espérance de vie
La chirurgie esthétique
La cinquantaine
La croissance
La durée
La fontaine de jouvence
La jeunesse
La longévité
La majorité
La maladie / Malade
La maturité / Mûr
La naissance ≠ La mort
La peau
La petite enfance
La puberté
La quarantaine
La santé
La sénilité / Sénile
La trentaine
Le corps
Le premier âge
Le quatrième âge
Le troisième âge
Le visage
Maigre ≠ Gros
Maigrir ≠ Grossir
Mince
Naître ≠ Mourir
Paraître / L'apparence
Prendre ≠ perdre du poids
Profiter de quelque chose
Rajeunir
Regretter / Un regret
Respecter / Le respect
Se développer / Le développement
Se rajeunir
Se sentir bien ≠ mal
Se souvenir / Un souvenir
Sembler
Tôt ≠ Tard
Un « lifting »
*Un adolescent / Un ado**
Un adulte
Un anniversaire
Un bébé
Un centenaire
Un chirurgien
Un enfant
Un état d'esprit
Un garçonnet
*Un gosse**
Un homme / Un homme jeune / Un jeune homme / Un garçon
*Un môme**
Un nouveau né

Pour vous aider

Un quadragénaire (quadra)
Un quinquagénaire
Un sexagénaire
Un trentenaire
Un vieillard
Une crème antirides
Une époque
Une femme / Une femme jeune / Une jeune femme / Une fille
Une fillette
Une génération
Une intervention chirurgicale
Une période
Une personne âgée
Une ride
Une transformation
Une vitamine
Vieillir / La vieillesse

Quelques expressions…

À la fleur de l'âge
30 / 40 balais = 30 / 40 ans*
Être entre deux âges
L'âge ingrat
Le bel âge
Une personne qui n'a pas d'âge

→ **Choisissez trois mots dans la liste, dites ce qu'ils vous évoquent et justifiez votre choix**

doc. 7

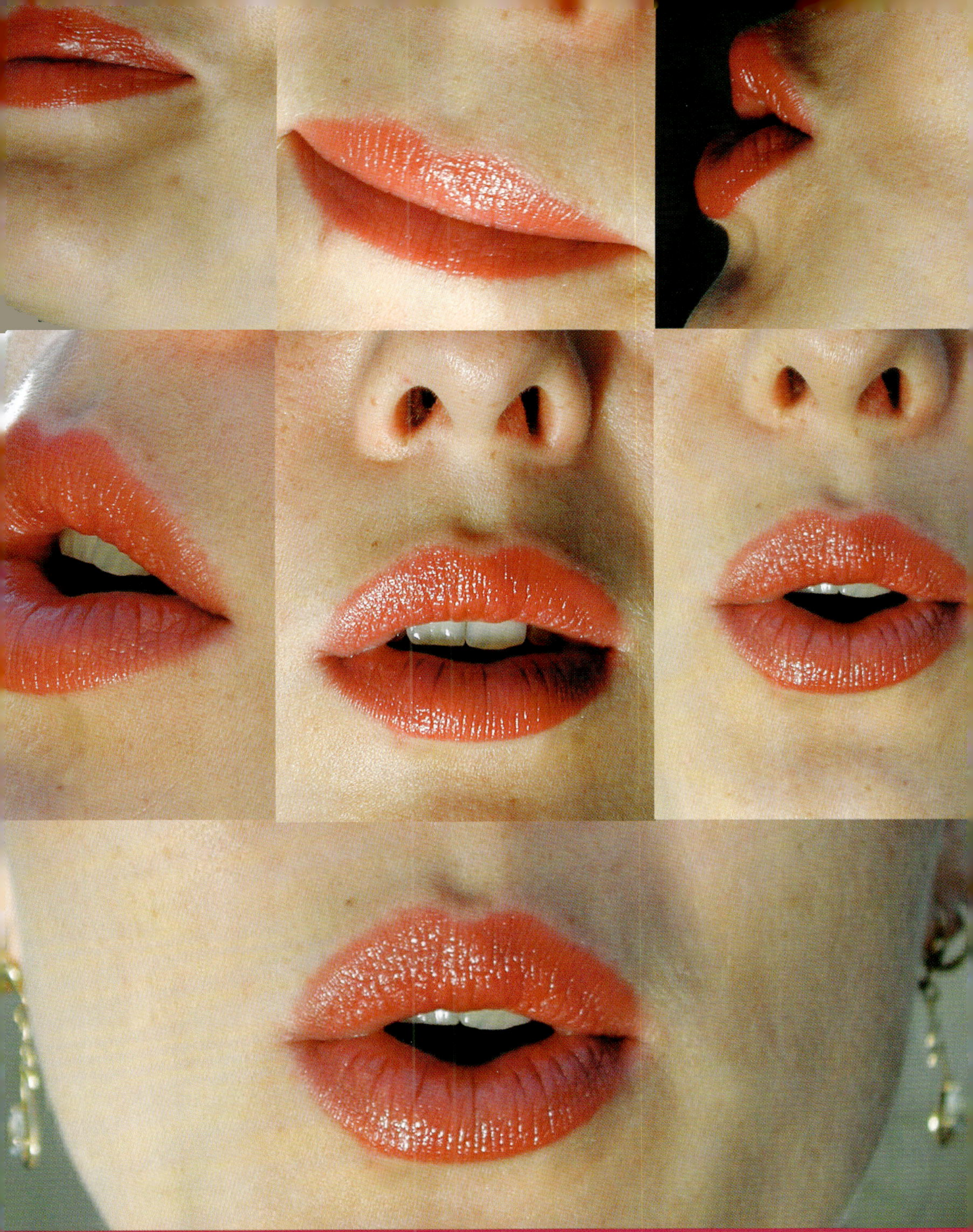

L'apprentissage d'une langue

Le français

Histoire de la langue : À propos du français

Le discours dominant tendrait à faire croire qu'une seule langue internationale s'imposerait actuellement sur la planète, mais certains contestent cette analyse ; en effet, la réalité est beaucoup plus complexe. On assiste aujourd'hui à deux mouvements qui semblent contradictoires : l'un conduisant à l'uniformisation, à la mondialisation, l'autre manifestant des revendications identitaires.

Le développement des technologies de l'information et de la communication est-elle de nature à faire disparaître le plurilinguisme ou au contraire peut-elle le favoriser ?
Les nouvelles technologies sont les meilleures alliées du plurilinguisme. Le DVD par exemple offre le même film en version originale sous-titrée, en version doublée, avec des sous-titres, dans plusieurs langues… au choix.

Il n'est donc plus nécessaire d'apprendre les langues étrangères ?
Bien sûr, la paresse guette mais la technologie offre des facilitateurs d'apprentissage, elle met à la disposition de ceux qui veulent apprendre des outils qui vont énormément les aider. Ces outils ne sont pas une menace, ils offrent au contraire des possibilités intéressantes à exploiter qui permettent d'apprendre avec moins d'efforts.

Une culture dominante n'est-elle pas en train d'écraser les cultures minoritaires ?
L'idée généralement admise est que la massification de la culture détruit la culture. Or cette massification, en fait, ne porte que sur quelques types de produits.
Sur l'Internet par exemple, 95 % des échanges se faisaient, il y a peu, en anglais. On tombera à moins de 50 % avant 2005. En revanche, jamais

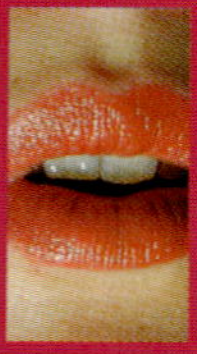

doc. 1

la circulation des cultures n'a été si intense, jamais il n'y a eu une telle diversité dans les propositions. On peut voir chaque semaine à Paris 400 films dans une vingtaine de langues différentes.

Dans bien des pays l'enseignement du français est en baisse. Est-ce une situation réversible ?

Le français comme langue enseignée est, tout comme sa culture, concurrencé. Aujourd'hui, les langues sont un marché, il y a des clients. Il convient d'offrir les meilleurs produits et les meilleurs services. Le français dispose pour cela d'un certain nombre d'atouts. C'est une langue transnationale à travers l'espace francophone où elle est utilisée comme langue d'enseignement. Dans les pays non francophones, il reste la seconde langue étrangère enseignée après l'anglais. Quoi qu'on en dise, le français reste une langue mondiale grâce à son déploiement à travers une série de réseaux et d'institutions. Il a par ailleurs une visibilité mondiale due en partie à une série d'événements fortement médiatisés comme les grands festivals ou les grandes manifestations sportives.

Pour un professeur de français hors de France comment se présente l'avenir ?

Il n'y a aucune raison d'être pessimiste. Les outils existent, les atouts sont nombreux. C'est de la capacité d'innovation des lieux de diffusion des langues que dépend, demain, le sort de l'enseignement du français.

Le français dans le monde, n° 311, juillet/août 2001.

→ **D'après l'auteur, comment les langues évoluent-elles ?**

Le professeur de français

Les Bidochon. T.6 - Binet.

→ **Que représente ce document ? Quelles idées vous inspire-t-il ?**

doc. 2

Le français

L'apprentissage du français langue étrangère

→ **Vous avez la parole...**

1. Pourquoi apprenez-vous le français ?

2. Comment trouvez-vous la langue française ? Caractérisez la langue française (3 adjectifs minimum).

3. Selon vous, qu'est-ce qui est le plus difficile à apprendre ? Le plus facile à faire ?

4. Quelles sont les différentes manières d'apprendre une langue ? D'après vous, quelle est la meilleure ?

5. Que pensez-vous des différentes méthodes que vous avez utilisées au cours de votre apprentissage (dans votre pays et en France) ?

6. Dans l'apprentissage du français, vous accordez le plus d'importance :
- aux travaux écrits individuels
- aux activités de groupe
- aux jeux de rôles
- à la conversation
- à la grammaire

7. Quels sont les supports sur lesquels vous préférez travailler ? Les textes littéraires, les articles de presse, les bandes dessinées, les publicités, les photographies, les poèmes, les chansons ...

8. Que pensez-vous des dictées ?

9. Quelle est la compétence pour laquelle vous vous sentez le/la plus fort(e) ? La compréhension orale, la compréhension écrite, la production orale ou la production écrite ?

10. Quelles sont les principales différences entre votre langue et la langue française ?
- Phonétique (Sons qui n'existent pas ...)
- Structurale (Place des mots...)
- Grammaticale (Articles, genres différents, temps des verbes...)
- L'alphabet

Barberousse

- Où se passe la scène ?
- De quel cours s'agit-il ?
- Qui sont les personnages ?
- Pourquoi avoir choisi un chat et une souris ?
- Quelle est l'attitude du chat et de la souris ?
- Quel est le problème de la souris ?
- Que pensez-vous des paroles du chat ? Est-ce une vraie question ? Pourquoi ?
- Quelle critique Barberousse fait-il de l'enseignement des langues étrangères ?

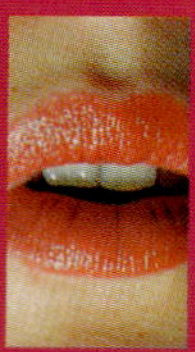

doc. 4

Citations

« Le génie de notre langue est la clarté. »
VOLTAIRE

« La langue française est une femme. Et cette femme est si belle, si fière, si modeste, si hardie, touchante, voluptueuse, chaste, noble, familière, folle, sage, qu'on l'aime de toute son âme, et qu'on n'est jamais tenté de lui être infidèle. »
ANATOLE FRANCE

« Une langue que l'on n'enseigne pas, est une langue qu'on tue. Tuer une langue est un crime. »
J. JULLIAN

« Ce ne sont pas seulement les mots qui diffèrent d'une langue à l'autre, ce sont aussi les idées qu'ils traduisent, les façons de penser et de dire. »
FRANÇOIS BIZOT

« Apprendre une autre langue, c'est comme le commencement d'une autre vie. »
MICHEL BOUTHOT

« Une œuvre de la langue traduite dans une autre langue : quelqu'un passe la frontière en y laissant sa peau, pour revêtir le costume local. »
KARL KRAUS

« Toutes les langues sont belles pour ceux qui les parlent. »
JEAN-MARIE ADIAFFI

« Ce n'est point chose vicieuse, mais grandement louable, d'emprunter d'une langue étrangère les sentences et les mots, et les approprier à la sienne. »
J. DU BELLAY

« La langue commune forme des liens plus forts que les liens du sang. »
ALICE PARIZEAU

→ **Quelle est la citation que vous préférez ?**

Pour vous aider

Accorder / Un accord
Apprendre par cœur
Apprendre / L'apprentissage
Articuler / L'articulation
*Balèze**
Bavarder / Le bavardage
Bilingue
*Bûcher**
Complexe / La complexité
Comprendre / La compréhension
Conjuguer / Une conjugaison
Connaître / La connaissance
Couramment
Définir / Une définition
Discuter / Une discussion
Échanger
Échouer / Un échec
Écrire / L'écriture
Enseigner quelque chose à quelqu'un / Un enseignement
Étudier / Un étudiant
Expliquer quelque chose à quelqu'un / Une explication
Facile ≠ Difficile
L'accent
L'alphabet
L'écriture
L'incompréhension
L'intonation
L'orthographe
La grammaire
La graphie
La langue maternelle
La mémoire visuelle / auditive
La pédagogie
La phonétique
La ponctuation
La pratique
Le rythme
Le sens
Les genres (Masculin/Féminin)
Les nombres (Singulier/Pluriel)
Les temps verbaux
*Louper**

Maîtriser quelque chose/ La maîtrise
Mémoriser / La mémorisation
Oublier quelque chose / Un oubli
Parler
Passer un examen
Polyglotte
*Pomper**
*Potasser**
Prononcer / La prononciation
Rabâcher
Rater
Réciter / Une récitation
Redoubler
Repasser
Répéter / Une répétition
Retenir
Réussir / Une réussite
Revoir / Une révision
S'exprimer/Une expression
S'inscrire / Une inscription
Savoir sur le bout des doigts
Savoir / Le savoir
Se rappeler quelque chose
Se souvenir de
Suivre un cours
Traduire / Une traduction
Tricher
Trilingue
Un contre-sens
Un cours
Un devoir
Un dictionnaire unilingue / bilingue
Un diplôme
Un examen blanc
Un exercice
Un faux-ami
Un interprète
Un manuel
Un moyen mnémotechnique
Un niveau
Un QCM (questionnaire à choix multiples)
Un son
Un traducteur
Un trou de mémoire

Une accentuation/Un accent
Une appréciation
Une compétence
Une connaissance
Une consonne
Une difficulté
Une épreuve
Une exception
Une expérience
Une expression idiomatique
Une expression imagée
Une faute d'orthographe
Une langue étrangère
Une langue seconde
Une leçon
Une lettre
Une lettre muette
Une liaison
Une méthode
Une note
Une production écrite/orale
Une règle de grammaire
Une terminaison
Une transcription phonétique
Une voyelle

Quelques expressions…

Avoir la langue bien pendue
Avoir un mot sur le bout de la langue
Avoir un cheveu sur la langue
Donner sa langue au chat
Être une langue de vipère
Être une mauvaise langue
La langue de bois

➔ **Choisissez trois mots dans la liste, dites ce qu'ils vous évoquent et justifiez votre choix.**

doc. 6

Les professions

Métiers
Quel est ton métier ?

Mais comment devient-on écrivain ?

Qu'est-ce qui vous a donné envie d'écrire ?

– Dans mon métier précédent, j'ai eu la chance de gagner une grosse somme d'argent qui m'a permis de prendre ce que l'on appelle une année sabbatique.C'est-à-dire que j'ai pu ne pas travailler pendant un an. Alors j'ai décidé de reprendre des études de philosophie. Et ça m'a donné énormément de plaisir. Alors je me suis mise à écrire. Je ne peux pas dire que j'avais la vocation de devenir écrivain lorsque j'étais petite. Mais depuis que je fais ce métier c'est une passion. J'ai bien aimé mes précédents métiers. Mais celui d'écrivain que j'ai commencé à 38 ans, il y a seulement 4 ans, j'espère pouvoir l'exercer jusqu'à ma mort.

Écrivain, est-ce que c'est un métier difficile ?

– Comme dans tous les métiers, des fois oui, des fois non. Certains de mes livres ont été plus difficiles à écrire que les autres.

Est-ce que vous écrivez pour votre plaisir ?

– J'écris avec plaisir et pour mon plaisir. Mais j'écris aussi pour gagner ma vie. Écrivain, c'est un métier.

Qu'est-ce que vous préférez dans le métier d'écrivain ?

– Le moment où je m'assois devant mon ordinateur.

Brigitte Labbé, Les clés de l'actualité, 2002.

Pompier : un métier pour aider les autres…

L'été est-il une saison plus difficile pour les pompiers ?

– LIEUTENANT LARATTA : Dans le sud-est de la France, les pompiers ont une activité plus soutenue à cause des feux de forêt et de l'afflux des touristes. Cela occasionne un trafic routier important, et donc plus d'accidents de la circulation. Des feux de camps sont allumés n'importe où et n'importe quand.

Quels sont vos moyens pour éviter les incendies ?

– Nous avons un avion de reconnaissance et des groupes d'intervention composés de camions prêts à intervenir à la moindre fumée suspecte. Certains départements disposent également de patrouilles à cheval ou à moto.

Comment faire pour devenir pompier ?

– A partir de 18 ans, on peut être recruté comme pompier saisonnier pour l'été, ou comme pompier volontaire, pour toute l'année.Cependant, dès l'âge de 14 ans, on peut s'inscrire dans une «école de jeunes sapeurs-pompiers» pour

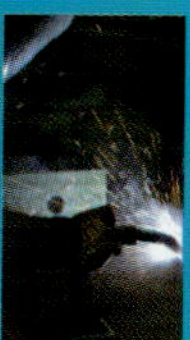

préparer un «brevet de cadet». ce qui donne des points pour passer ensuite le concours de pompier professionnel.

Quelles sont les qualités d'un bon pompier ?

- Il faut avoir envie d'aider les autres, aimer le sport, le travail en équipe, et ne pas avoir peur de sacrifier une partie de ses loisirs.

Milan-Presse, 21 août 2003.

Les jeunes veulent un métier qui leur plaît

Les sondages proposent une photographie de l'opinion de certaines catégories de personnes à un moment donné. Grâce aux sondages on peut mieux comprendre les attentes et les craintes des personnes interrogées. En revanche, ils ne reflètent pas nécessairement une opinion durable. Ainsi un récent sondage révèle que les jeunes âgés de 15 à 25 ans souhaitent avant tout pouvoir exercer le métier qui leur plaît. C'est le cas de 8 d'entre eux sur 10. Mais ils considèrent que réussir leur vie c'est aussi, pour 6 d'entre eux sur 10, fonder une famille. La même proportion estime qu'avoir de l'argent est important. Pourtant, ils se préoccupent aussi de la société. Ainsi, 7 jeunes sur 10 jugent que voter est un acte utile et le même nombre regrette que les médias donnent trop souvent d'eux une image négative.

** Sondage CSA/JOC/La Vie, commandé à l'occasion du rassemblement de la Jeunesse ouvrière chrétienne aujourd'hui, à Paris.*

Cécile Cousteaux, Les clés de l'actualité junior, 2003.

Les profilers se profilent

Au cinéma et aux États-Unis, on les appelle des « *profilers* ». Mais en France, ce métier n'est pas encore reconnu. Aux États-Unis, les « *profilers* » sont des enquêteurs qui s'intéressent davantage à la personnalité des criminels qu'au déroulement des faits. Ils doivent avoir à la fois la perspicacité d'un détective et les connaissances d'un psychologue. Lorsqu'un crime a été commis, leur travail consiste à établir le « *profil* » type de l'assassin: analyser sa façon de penser, de réagir, ce qui l'a poussé à passer à l'acte... C'est pourquoi on les appelle des « *profilers* ». En France, les « *profilers* » n'existent que dans les films. Mais cela pourrait bientôt changer car le gouvernement a demandé à un groupe de spécialistes (médecins, policiers, juristes...) de réfléchir à ces nouvelles méthodes, dites de « *profilage* ». Si l'idée est acceptée par le gouvernement, l'État pourrait faire appel à des « *profilers* » pour enquêter dans certaines affaires, et leur profession serait alors reconnue par la justice française.

Sébastien Porte, Les clés de l'actualité junior, 2002.

➔ **Parmi les métiers présentés, lequel vous attire le plus ? Pourquoi ?**

Les professions

➔ **Vous avez la parole…**

1. Quelle est, selon vous, la profession la plus ennuyeuse ? La plus romantique ? La plus dure physiquement ?

2. Comment avez-vous choisi votre profession ? Quels ont été vos critères ?

3. Y a-t- il des professions que vous ne voudriez surtout pas exercer ? Pour quelles raisons ?

4. Auriez-vous aimé reprendre la profession de l'un de vos parents ? Pourquoi ?

5. Dans votre pays, quelles sont les professions les plus prestigieuses ? Sont-elles celles où l'on gagne le plus d'argent ?

6. Pourriez-vous faire, toute votre vie, un travail que vous n'aimez pas mais où vous gagnez beaucoup d'argent ? Pourquoi ?

7. La profession doit-elle être le centre de l'existence ? Quelle place occupe votre profession dans votre vie ?

8. Pourriez-vous ne pas travailler ? Dans quelles circonstances ? Pendant combien de temps ? Pensez-vous que votre activité professionnelle vous manquerait ? Pour quelles raisons ?

9. Y a-t-il des professions que l'on ne peut exercer que si l'on a la vocation ? Lesquelles ?

10. Aimeriez-vous travailler avec votre mari/femme ou avec un membre de votre famille ? Pourquoi ?

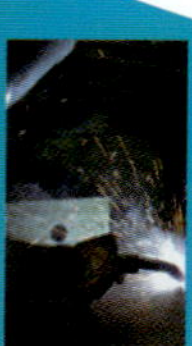

doc. 2

Citations

« Je n'aime pas travailler, mais j'admets que les autres travaillent. »
ARTHUR ADAMOV

« Il faut travailler, sinon par goût, au moins par désespoir, puisque, tout bien vérifié, travailler est moins ennuyeux que s'amuser. »
CHARLES BAUDELAIRE

« Ce qui fait le bonheur des hommes c'est d'aimer faire ce qu'ils ont à faire. C'est un principe sur lequel la société n'est pas fondée. »
CLAUDE ADRIEN HELVÉTUS

« Quelqu'un disait à Alexandre Dumas : – Vous travaillez donc toujours ? Il répondit : – Que voulez-vous ? je n'ai pas autre chose à faire. »
VICTOR HUGO

« Travail immédiat, même mauvais, vaut mieux que la rêverie. »
CHARLES BAUDELAIRE

« Le travail est bon à l'homme. Le travail nous donne l'illusion de la volonté, de la force et de l'indépendance. »
ANATOLE FRANCE

« Nous vivons dans une époque où les gens travaillent tant qu'ils deviennent d'une bêtise absolue. »
OSCAR WILDE

« L'homme qui mange n'est pas toujours beau, l'homme qui pleure est parfois laid, l'homme qui aime est souvent grotesque, l'homme qui meurt est d'ordinaire affreux, mais l'homme qui travaille n'est jamais ridicule. »
SACHA GUITRY

« La première condition du bonheur est que l'homme puisse trouver joie au travail. Il n'y a vraie joie dans le repos, le loisir, que si le travail joyeux le précède. »
ANDRÉ GIDE

➔ **Quelle est la citation que vous préférez ?**

Pour vous aider

Acquérir
Avoir des responsabilités
Avoir la sécurité de l'emploi
Avoir le sens du contact
*Bâcler**
*Bosser**
Collaborer / Une collaboration
Demander une augmentation
Des honoraires
Des horaires
Diriger quelqu'un
Embaucher quelqu'un
Employer quelqu'un / Un emploi
Engager quelqu'un / Un engagement
Être à la (en) retraite
Être compétent
Être diplômé
Être indépendant
Être licencié
Exercer une profession
Faire faillite
Faire le pont
Gagner sa vie
Gérer / La gestion
L'ambition / Ambitieux
L'autorité / Autoritaire
L'organisation / Organisé
La crise économique
La diplomatie
La formation
La graphologie / Un graphologue
La hiérarchie
La précarité / Précaire
La réduction du temps de travail (RTT)
La retraite
La réussite ≠ L'échec
*Le boulot**
Le chômage
Le directeur des ressources humaines (DRH)
Le dynamisme / Dynamique
Le perfectionnisme / Perfectionniste
*Le piston**
Le travail à domicile
Le travail à la chaîne
Le week-end
Les vacances
Licencier quelqu'un
Mettre quelqu'un à la porte
Pénible
Perdre son emploi
Postuler à quelque chose
Pratiquer
Prendre une initiative
Promouvoir / Une promotion
Renvoyer quelqu'un
Répétitif
Réussir ≠ Échouer
S'épanouir
Se rendre utile
Signer / Une signature
Solliciter
Supprimer / Une suppression
Travailler en équipe
Travailler / Le travail
Un agriculteur
Un appartement de fonction
Un apprenti
Un artisan
Un atelier
Un avantage
Un bureau
Un cachet
Un cadre
Un chantier
Un chômeur
Un commerçant
Un congé
Un congé de maladie
Un congé de maternité
Un contrat à durée déterminée (CDD)
Un contrat à durée indéterminée (CDI)
Un curriculum vitae (CV)
Un diplôme
Un directeur
Un emploi stable
Un entretien d'embauche
Un fonctionnaire
Un intellectuel
Un intérimaire
*Un job**
Un jour férié
Un magasin
Un ouvrier
Un partenariat
Un patron
Un plan de carrière
Un point fort ≠ faible
Un poste
Un poste à pourvoir
Un président directeur général (PDG)
Un profil
Un projet
Un salaire
Un salarié
Un stage
Un stagiaire
Un travail à domicile
Un travail à mi-temps
Un travail à plein temps
Un travail à temps partiel
Un travail intellectuel
Un travail manuel
Un assistant
Un associé
Un collègue
Un employé

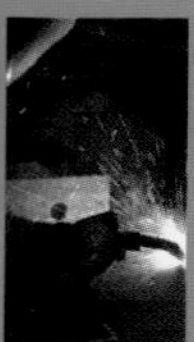

doc. 4

Un retraité
Une année sabbatique
*Une boîte**
Une boutique
Une candidature
Une compétence
Une difficulté
Une entreprise
Une expérience professionnelle
Une lettre de motivation
Une offre d'emploi
Une pause
Une petite ou moyenne entreprise (PME)
Une référence
Une rémunération
Une société
Une usine
Une voiture de fonction
*Virer quelqu'un**

Quelques professions...

Un acteur
Un agent de police
Un ambassadeur
Un antiquaire
Un architecte
Un avocat
Un boucher
Un boulanger
Un bûcheron
Un charcutier
Un chasseur de tête
Un chauffeur de taxi
Un chef d'entreprise
Un chercheur
Un chimiste
Un chirurgien
Un coiffeur
Un comptable
Un cordonnier
Un cuisinier
Un décorateur
Un dentiste
Un écrivain
Un éditeur
Un électricien
Un éleveur
Un employé de banque
Un épicier
Un fermier
Un fleuriste
Un garagiste
Un gardien
Un gendarme
Un graphiste
Un horloger
Un huissier
Un imprimeur
Un informaticien
Un ingénieur
Un instituteur
Un interprète
Un journaliste
Un juge
Un juriste
Un laborantin
Un libraire
Un maçon
Un mannequin
Un mécanicien
Un médecin
Un menuisier
Un militaire
Un ministre
Un musicien
Un notaire
Un opticien
Un pêcheur
Un peintre
Un pharmacien
Un plombier
Un pompier
Un présentateur
Un prestidigitateur
Un professeur
Un sculpteur
Un serrurier
Un serveur
Un taxidermiste
Un vendeur
Un vétérinaire
Un vigneron

Quelques expressions...

Avoir deux mains gauches
Avoir le bras long
Avoir les dents longues
Avoir un poil dans la main
Être le bras droit de quelqu'un
Un requin de la finance

➔ **Choisissez trois mots dans la liste, dites ce qu'ils vous évoquent et justifiez votre choix.**

Sommaire

Crédits

L'amour - P.5 : ©**isa** 04 74 20 48 65 **- P.7 :** Chimilus - *Tous droits réservés* **- P.8 :** © Cambon

Les superstitions - P.14 : Grégory Magne, 20 minutes, 14 fév.2003 **- P.15 :** Quino©Éditions Glénat **- P.17 :** Femme actuelle, oct.2002 - *Tous droits réservés* **- P.18 :** Quino©Éditions Glénat

La gastronomie - P.24 : J.M. Normand, Le Monde, 2003 - *Tous droits réservés* **- P.25 :** Eugène Collilieux - *Tous droits réservés* **- P.27 :** Le Parisien, 21 décembre 1999

L'argent - P.32 : Challenges, juillet 2001 **- P.33 :** *Pas mal, et vous ?*- Quino©Éditions Glénat

Le mensonge - P.39 : ©Disney **- P.40 :** *Profession : menteur* - François Perrier - *Tous droits réservés* **- P.44 :** *L'éloge de l'amitié, Ombre de la trahison* - Tahar Ben Jelloun©Éditions du Seuil, 2003

L'amitié - P.47 : WANADOO S. A - 48, rue Camille Desmoulins – 92791 Issy Les Moulineaux Cedex 9 – RCS Nanterre B 403 088 867 **- P.48 :** ©2000, Éditions Milan, Claude Faber, « *L'amitié en question* », Les clés de l'actualité senior. **- P.49 :** © Maitena

L'écologie - P.54 : Philippe Bovet, Le monde diplomatique, mars 2001 **- P.15 :** Quino©Éditions Glénat **- P.17 :** Femme actuelle, oct.2002 - *Tous droits réservés* **- P.18 :** Quino©Éditions Glénat

Les jeux - P.62 : Avec l'accord du musée français de la ville d'Issy-les Moulineaux **- P.63 :** Nicole Lambert - *Tous droits réservés*

Le savoir-vivre - P.67 : www.ladolcevita-berlin.de - *Tous droits réservés* **- P.68 :** Femme actuelle, déc.1998 - *Tous droits réservés* **- P.69 :** © Ça m'interresse, avril 2003 **- P.70 :** Quo, août 1997

Le bonheur - P.75 : ©Antecuir **- P.76 :** Quo **- P.78 :** *Bien chez soi* - Quino ©Éditions Glénat **- P.77 :** © Cambon

Les animaux - P.83 : ©**isa** - 04 74 20 48 65 **- P.84 :** Téléstar, 5 mai 2003 **- P.85 :** ©s.p.r.l. Jean Roba – 2004/©Dargaud Bénélux (n.v. Dargaud-Lombard s.a.) – Roba – 2004

L'art - P.91 : ©Michel Juan/**isa** **- P.92 :** Propos recueillis par Justine Ducharne d'après Le Figaro, 12 mars 2003 - *Tous droits réservés* **- P.93 et 94 :** La Joconde, portrait de Mona Lisa, 1503 - 1505, Léonard de Vinci, Louvre © photo RMN - Lewandowski/LeMage/Gattelet - Litho, 1919, Marcel Duchamp, Galleria Pictogramma, Rome©Bridgeman Art Library/Alinary - Mona Lisa with Keys, 1930, Fernand Léger, Musée national Fernand Léger, Biot, France©Giraudon/Bridgeman Art Library - Pour Gainsbourg ©Rue des Archives - Pour Cadiou, Combaz et Il mondiale ©SIPA PRESS **- P.96 :** ©Damien Hirst, *Away from the flock (Loin du troupeau)*, 1994 - Pour les articles : www.yahoo.com - Steven Guemeur - www.artcom.tm.fr - *Tous droits réservés*

Le progrès - P.102 : © « *C'était comment l'an 2000 ?* », Christian Sorg, Télérama n°2607 du 1er janvier 2000 **- P.103 :** Quino©Éditions Glénat **- P.104 :** Groupe France Mutuelle Magazine - Groupe France Mutuelle® **- P.107 :** *Bien chez soi* - Quino©Éditions Glénat **- P.110 :** 20 minutes, janvier 2003 - Quino©Éditions Glénat

La télévision - P.113 : Avec l'autorisation de Canal satellite **- P.114 :** Quo, juillet 1997 **- P.115 :** Quino©Éditions Glénat **- P.115 :** ©David Sourdrille- Alain Rémond, Marianne du 7 au 13 juillet 2003

La mode - P.121 : *« fashion » p160 © G. Sorensen/BIBA 277* **- P.122 :** *© 2000, Milan Presse, Michel Heurteaux, Profession « chasseur de tendances », Les clefs de l'actualité senior* **- P.123 :** ©Maitena **- P.125 :** ©Maitena

Les Français - P.129 : Remerciements à Thierry Glachant **- P.122 :** © 2000, Milan Presse, Michel Heurteaux, *Profession « chasseur de tendances »*, Les clefs de l'actualité senior **- P.130 :** Avec l'aimable autorisation de la Cité internationale universitaire de Paris - Magazine Cosmopolis, n° 1, 2002 **- P.131 :** ©Frapar **- P.133 :** ©Eugène Collilieux **- P.134 :** Le Parisien, 30 juillet 1998

La publicité - P.137 : Alphons Marie Mucha, 1998 © Swim/Ink/CORBIS **- P.138 :** Les clefs de l'actualité, n°192, février 1996 **- P.140 :** A nous Paris du 7 au 15 février 2000 **- P.142 :** Avec l'aimable autorisation de KAMBLY S. A

Les âges de la vie - P.146 : *Tous droits réservés* **- P.147 :** Quino©Éditions Glénat **- P.149 :**©Maitena

L'apprentissage d'une langue - P.154 : Extrait d'un entretien avec J. Pécheur, rédacteur en chef du « Français dans le monde » - Propos recueillis par Françoise Ploquin - Le français dans le monde, n° 311, juillet/août 2001 **- P.156 :** Les Bidochon - Tome 6 © BINET/FLUIDE GLACIAL **- P.158 :** Barberousse - *Tous droits réservés*

Les professions - P.162 : *« Comment devient-on écrivain »* Brigitte Labbé, Les clés de l'actualité, 2002 - *Tous droits réservés* - Milan-Presse, 21 août 2003 - *Tous droits réservés* - ©2003, Milan Presse, Cécile Cousteaux, *« Les jeunes veulent un métier qui leur plaît »*, Les clés de l'actualité junior - © 2002, Milan Presse, Sébastien Porte, *« Les profilers se profilent »*, Les clés de l'actualité junior

Autres photos : ©**isa** 04 74 20 48 65.

Achevé d'imprimer en Janvier 2005
sur les presses du

Groupe Horizon

Parc d'activités de la plaine de Jouques
200, avenue de Coulin
F-13420 Gémenos

N° d'imprimeur : 0501-157